AF231793

FACULTÉ DE DROIT DE PARIS

DROIT ROMAIN

MANDATUM PECUNIÆ CREDENDÆ

DROIT FRANÇAIS

LES NULLITÉS ET DÉCHÉANCES

EN MATIÈRE DE BREVETS D'INVENTION

THÈSE POUR LE DOCTORAT

Soutenue le Lundi 18 Juin 1882, à deux heures et demie

PAR

H. PATENOTRE

Avocat à la Cour d'appel de Paris,

PARIS

LAROSE ET FORCEL

Libraires-Éditeurs

22, RUE SOUFFLOT, 22

1883

FACULTÉ DE DROIT DE PARIS

DROIT ROMAIN

DU MANDATUM PECUNIÆ CREDENDÆ

DROIT FRANÇAIS

DES NULLITÉS ET DÉCHÉANCES

EN MATIÈRE DE BREVETS D'INVENTION

THÈSE POUR LE DOCTORAT

Soutenue le Lundi 18 Juin 1882, à deux heures et demie

PAR

H. PATENOTRE

Avocat à la Cour d'appel de Paris,

PRÉSIDENT : M. LYON-CAEN

SUFFRAGANTS { MM. BEUDANT, RENAULT, } PROFESSEURS

{ HENRY MICHEL, JOBBÉ-DUVAL, } AGRÉGÉS

PARIS

LAROSE ET FORCEL

Libraires-Éditeurs

22, RUE SOUFFLOT, 22

—

1883

A MON PÈRE

———

A MA MÈRE

———

A MON COUSIN, M. AUGUSTE SOURDAT

Conseiller honoraire à la Cour d'Amiens

DROIT ROMAIN

DU MANDATUM PECUNIÆ CREDENDÆ

INTRODUCTION

Les Romains semblèrent pendant longtemps préférer les garanties personnelles aux garanties réelles et l'on peut dire que le cautionnement fut très populaire à Rome. Il était né des rapports de clientèle qui entraînaient pour les clients l'obligation de payer ou tout au moins de garantir les dettes de leur patron. De là le cautionnement passa dans les mœurs et devint un service d'ami qui ne se pouvait guère refuser. Il ne sera pas inutile, pensons-nous, de jeter tout d'abord un coup d'œil au point de vue historique sur le développement de ce contrat qui affecta successivement des formes différentes. Cette étude se lie, en quelque sorte, à l'histoire des luttes entre patriciens et plébéiens au sujet des dettes, et les transformations par lesquelles passa le cautionnement s'expliquent souvent, à défaut de raisons juridiques, par des causes de l'ordre purement politique.

On peut être frappé au premier abord en étudiant la législation romaine de la diversité des modes de s'engager accessoirement : *adpromissio*, constitut, *mandatum pecuniæ credendæ*, etc .. Aujourd'hui nous ne connaissons que le cautionnement. Pourquoi donc à Rome cette multiplicité de formes ? La raison en est simple, c'est qu'il s'agit ici pour le législateur d'une matière des plus difficiles à réglementer : il faut ménager l'intérêt du créancier qui ne doit pas perdre, et il faut aussi protéger le débiteur accessoire, qui n'est qu'un ami, qui rend un bon office. D'où il résulte que quantité de modes apparaissent, se modifient et se perfectionnent successivement.

La forme la plus ancienne a été la *sponsio ;* elle était réservée aux citoyens romains. Plus tard la création de nouvelles formules ayant permis aux pérégrins d'user de la stipulation, la *fidepromissio* vint leur donner le moyen de contracter et de recevoir des engagements accessoires (Gaius Comm. III, § 116). Mais elle ne fut pas seulement utile aux pérégrins ; les citoyens romains eux-mêmes pouvaient avoir intérêt à s'en servir, en raison des rigueurs très grandes qui résultaient de la *sponsio* (Gaius, Comm. IV, § 21, 22, 25).

La *fidepromissio*, quoique plus pratique que la *sponsio* n'était pas encore suffisante pour répondre à tous les besoins. Le *fidepromissor* notamment, de même que le *sponsor*, ne pouvait accéder qu'à des obligations verbales (Gaius, Comm. III, § 119) ; en outre leur obligation ne durait que deux ans, et ne passait pas à leurs héritiers (§ 120 *initio*). Ce fut pour échapper à ces règles gênantes que, vers le milieu du VII° siècle de Rome la *fidejussio* fut créée : elle est mentionnée pour la première fois dans la loi Cornelia, qui date de l'an de Rome 673.

La *fidejussio*, forme plus large et plus rationnelle du cautionnement, réalisa un immense progrès ; elle put garantir toute sorte de dettes, qu'elles fussent nées d'un contrat *re, verbis, litteris* ou *consensu*, ou qu'elles dérivassent même de toute autre cause, d'un délit, par exemple. Le fidéjusseur n'étant pas libéré par le laps de deux ans, son obligation se transmettait à ses héritiers. Aussi conçoit-on facilement que la fidéjussion ait fait tomber peu à peu en désuétude la *sponsio* et la *fidepromissio,* dont les noms mêmes ne sont plus mentionnés dans les recueils de Justinien.

Mais la fidéjussion elle-même n'était pas exempte d'inconvénients. En effet, supposons-le, un créancier a un débiteur et des fidéjusseurs qui ont promis *idem :* les Romains voulant le moins de procès possible ne voient là qu'une obligation unique, parce qu'il n'y a qu'un seul objet; plusieurs personnes sont tenues, il est vrai, mais comme il n'y a qu'une obligation, il n'y a qu'une action : *In eadem re ne bis sit actio,* dit Quintilien. De cette unité d'action il résulte que le créancier a bien le choix pour poursuivre, mais quand il a intenté une action contre l'un des débiteurs, son droit est éteint, il ne peut plus agir de nouveau (loi 28, Code, livre VIII, tit. XLI). Pour empêcher ce résultat, les jurisconsultes romains introduisirent une autre forme de cautionnement, la *fidejussio indemnitatis* (loi 116, livre XLV, tit. I).

L'obligation du fidéjusseur n'avait plus dans ce cas le même objet que celle de la personne pour laquelle il intercédait : au lieu de promettre *idem,* ce qui entraîne l'identité d'obligation, source de l'extinction, le fidéjusseur promettait ce que le créancier ne pourrait obtenir du débiteur principal : *Quanto minus a Titio consecutus fuero, tantum mihi dare spondes ?* C'était donc une dette parfaitement distincte, subordonnée à l'inexécution de l'engagement primitif; le fidéjusseur ne promettait qu'un *incertum,* qui devait être déterminé par la partie que payerait le débiteur. Dès lors qu'il y avait deux obligations, il y avait deux actions; et quand le créancier agissait contre le débiteur, il pouvait, par une autre action, poursuivre pour le reste le fidéjusseur. En un mot, la *litis contestatio* avec le débiteur principal n'épuisait pas son droit contre la caution.

Cette *fidejussio indemnitatis* ne corrigeait pas encore tous les défauts de la fidéjussion : la fidéjussion devait être un contrat verbal ; il fallait donc la présence des deux parties : un absent ne pouvait être fidéjusseur. Aussi créa-t-on deux nouveaux modes de s'obliger accessoirement : le pacte de constitut ou convention par laquelle une personne assignait à un créancier un certain jour ou un certain temps dans lequel il promettait de le payer, et le *mandatum pecuniæ credendæ*. C'est de ce mandat que nous nous proposons de traiter particulièrement dans cette étude, parce qu'il se rapproche le plus du cautionnement actuel. Nous aurons souvent à le comparer à la fidéjussion, qui est la forme-type du cautionnement en droit romain, et notre travail sera surtout intéressant dans ce parallèle qui, en même temps qu'il nous donnera les règles communes aux deux contrats, nous permettra de distinguer soigneusement les règles propres à chacun d'eux. Nous diviserons cette étude en trois parties :

1° Définition, nature et caractères du *mandatum.*

2° Effets du *mandatum* ; des divers bénéfices accordés aux *mandatores.*

3° Extinction du *mandatum.*

Et nous terminerons par une comparaison rapide et sommaire entre le *mandatum* et la fidéjussion, et entre le constitut et le *mandatum.*

CHAPITRE Ier

Définition du « mandatum pecuniæ credendæ ». de sa nature; de ses caractères.

Souvent en pratique on considère le *mandatum pecuniæ credendæ* comme le mandat de prêter de l'argent; mais il faut donner à cette expression un sens plus étendu : *credere* signifie en effet avoir confiance, faire crédit à quelqu'un ; nous trouvons ce sens dans la loi 1, *de Rebus credilis,* livre XII, tit. 1. En outre, le mot *pecunia* ne veut pas seulement dire argent, mais encore toutes choses qui sont dans le commerce (Gaius, Comm. III, § 124), c'est-à-dire toutes choses qui étant objet de propriété peuvent devenir un objet d'obligation. Nous arrivons donc à dire que le *mandatum pecuniæ credendæ* (que les jurisconsultes allemands désignent sous le nom de mandat qualifié) est non seulement le mandat de prêter de l'argent, mais, d'une manière générale, le mandat donné à quelqu'un de devenir le créancier d'une personne déterminée, et cette définition est pleinement justifiée par un texte où Julien nous dit que toute obligation susceptible d'être garantie par un fidéjusseur peut aussi être contractée en vertu d'un mandat (loi 32, Dig., *Mandati*).

Ce contrat pouvait donc se produire dans des circonstances diverses. Une première hypothèse nous est indiquée par le § 2 aux Institutes *de mandato :* Je dais cent à Titius ; pour me libérer envers lui, je lui donne mandat de stipuler à mes risques et périls la même somme de mon débiteur Seius que je lui délègue. Cette stipulation faite par Titius éteint à la fois par novation et la créance de Titius et celle que j'avais contre le débiteur délégué, mais je reste responsable comme mandant, et Titius a contre moi l'*actio mandati*, si son nouvel obligé Seius ne s'acquitte pas envers lui. Ce n'est pas encore là un *mandatum pecuniæ credendæ* proprement dit, mais cela nous offre déjà un exemple de mandat constituant une sorte de cautionnement.

Le § 5 nous montre un cas où il y a à proprement parler *mandatum pecuniæ credendæ* : Je vous donne mandat de prêter de l'argent à un de mes amis *sub usuris*, cela à la fois dans l'intérêt de cet ami, qui cherche à emprunter, et dans votre intérêt pour vous procurer un placement avantageux de vos capitaux ; ou bien encore (§ 6, Inst., *de mandato*, et Gaius Comm. III, § 156) simplement dans votre intérêt, je vous engage a prêter de l'argent à Titius. Tant que les choses sont entières, il n'y a d'obligation d'aucun côté. Mais si vous prêtez effectivement à mon ami, ou à Seius, comme je vous en ai donné mandat, suis-je responsable et pourrez-vous vous retourner contre moi dans le cas où le débiteur ne vous payerait pas ? Il paraît qu'il y avait eu doute sur ce point, au moins dans l'espèce prévue par le § 6 : *Quæsitum est an mandati teneatur qui mandavit tibi ut pecuniam Titio fœnerares.* Mais l'affirmative prévalut : *Sed obtinuit Sabini sententia, obligatorium esse in hoc casu mandatum, quia non aliter Titio credidisses, quam si tibi mandatum esset.*

Quelles étaient donc les raisons invoquées pour contester la validité de ce mandat? C'est que, disait-on, dans le mandat ordinaire, c'est l'intérêt du mandant qui est en jeu ; ici, au contraire, le mandant agit par pur dévouement dans l'intérêt d'autrui. Il n'y a donc là qu'un simple conseil, un avis et non un mandat. On peut répondre que le *mandatum precuniœ credendœ* n'intéressait pas seulement le mandataire, il intéressait encore un tiers, c'est-à-dire le débiteur auquel il procurait du crédit ; or le mandat dans l'intérêt d'un tiers a été admis. En chargeant un mandataire de traiter avec un tiers, le mandant devient comptable envers le tiers dans les affaires duquel il s'est immiscé ; il a intérêt à ce que le mandataire remplisse son mandat avec diligence et exactitude, afin d'être à l'abri d'un recours de la part du tiers. Mais bien entendu si le mandat dans l'intérêt d'un tiers a été admis, il n'a pas été obligatoire par lui-même, il ne devenait obligatoire que le jour ou le mandataire exécutait l'affaire dont il avait été chargé (loi 8, § 6, Dig., livre XVII, tit. Ier.)

A côté des raisons de droit qui ont fait admettre la validité du *mandatum pecuniœ credendœ*, il en est une autre d'une grande importance : le *mandatum pecuniœ credendœ* est une espèce de cautionnement préférable encore à la *fidejussio* et même à la *fidejussio indemnitatis*, dont nous avons dit un mot. Facile à contracter, le *mandatum* donne au créancier une garantie solide, en même temps qu'il protège les intérêts de la caution. Il est évident que l'on devait chercher à en justifier la validité par tous les moyens.

Le mandat fut donc reconnu valable, et de la controverse qui nous est signalée par Gaius nous pouvons tirer cette conséquence, c'est qu'il ne faut pas faire remonter son origine trop haut dans l'histoire du droit. Sans doute, le mandat ordinaire est un des contrats consensuels qui furent en usage à une époque reculée ; mais l'espèce de mandat que nous étudions a dû commencer à être pratiquée au temps d'Auguste, car Sabinus, qui admit le premier sa validité, d'après le texte de Gaius vivait vers cette époque.

Il faut bien se garder de confondre, comme nous le dit Gaius dans le même texte précité, ce mandat engendrant une responsabilité de celui qui a donné mandat au profit de celui à qui il a été donné et qui s'y est conformé, avec une simple recommandation ou un conseil. Ainsi je vous engage à prêter votre argent à intérêt plutôt qu'à acheter des fonds de terre (1) ; le conseil que je vous donne, même si, en le suivant, vous éprouvez quelque dommage, ne m'oblige nullement envers vous, pourvu qu'il ne soit pas dicté par la mauvaise foi ; s'il y avait dol de ma part, j'en serais responsable : *Consilii non fraudulenti nulla obligatio est ; cæterum si dolus et calliditas intercessit, de dolo actio competit* (2).

Ceci dit, voyons maintenant quels sont les caractèrs du *mandatum pecuniæ credendæ*, et quelles conséquences ces caractères engendrent ; nous rechercherons ensuite quels sont les caractères de l'obligation garantie par le *mandatum*.

CARACTÈRES DU MANDATUM

1º *Le mandatum est un contrat.* — C'est une espèce de

____

(1) Le § 12, de la loi 12 *mandati* au Dig. nous donne un autre exemple de recommandation non plus générale, mais spéciale à une personne déterminée. « *Cum quidam talem epistolam scripsisset amico suo : Roga te, commendatum habeas Sextilium Crescentem amicum meum, non obligabitur mandati, quia commendandi magis hominis quam mandandi causa scripta est.* »

(2) Loi 47, Dig., livre L, tit. XVII.

mandat muni d'une action par le droit civil ; dès qu'on eût admis sa validité, on dût lui appliquer toutes les règles des contrats, comme au mandat proprement dit lui même ; dès lors : *a*. — l'obligation du *mandator* sera transmissible (livre III, tit. II, § 18).

b. — Elle devra avoir la même durée que les autres obligations contractuelles, c'est-à-dire la perpétuité (loi 59, § 5, Dig., XVII, 1).

c. — Le *mandatum* peut être affecté de terme ou condition comme la fidéjussion (loi 6, § 1, Dig., XLVI, 1).

d. — Le *mandatum* n'a pas d'autres limites que la volonté des parties : aussi la loi Cornelia qui défendait un cautionnement supérieur à 20,000 sesterces (Gaius, Comm. III, § 124) n'a pas été étendue à l'hypothèse du *mandatum*.

2° *Le mandatum est un contrat principal*. — C'est ce caractère qui distingue le plus le mandat qualifié de l'*adpromissio*. Le *mandator* est, lui aussi, tenu *principaliter*. Il résulte de là que quand il y avait eu *litis contestatio* avec le débiteur, le *mandator* restait encore obligé, car il n'avait pas promis ce que le débiteur avait promis lui-même ; sa dette était différente (lois 13 et 71, pr. XLVI, 1). A l'inverse, la *litis contestatio* avec le mandant n'opérait pas la libération du débiteur, que pour plus de commodité nous continuerons à appeler principal, bien que l'obligation dérivant du *mandatum* fût aussi principale. Le *mandator*, en payant, n'éteignait pas la dette de l'engagé principal, qui restait tenu *ex mutuo*, *ex stipulatu*, etc. Justinien supprimant l'ancienne règle relative au fidéjusseur, nous dit en effet que les choses se passeront désormais pour lui comme elles se passaient déjà autrefois pour le *mandator* (loi 28, C., VIII, 41).

Le *mandatum* étant un contrat distinct peut être contracté ailleurs que la dette principale: c'est la un point commun qu'il a avec la fidéjussion (loi 49, § 2, Dig., XLVI, 1) Lors même que le *mandator* s'engage *alio loco*, il peut être poursuivi au même endroit que le débiteur principal.

3° *Le mandatum est un contrat de bonne foi.* — Le *mandatum* n'est pas, comme la fidéjussion ou le constitut, un acte purement unilatéral, il rentre dans la catégorie des contrats que les auteurs qualifient de synallagmatiques imparfaits, qui peuvent créer, s'ils ne les créent pas toujours, des obligations réciproques à la charge de chacune des deux parties. Ce qu'il y a de spécial au *mandatum pecuniæ credendæ* et ce qui le distingue parfaitement des autres mandats, c'est que les choses étant entières personne n'est encore obligé, nous l'avons déjà dit; quand le prêt a été effectué suivant le mandat donné; c'est l'*actio mandati contraria* qui le plus souvent s'exerce la première, contrairement à ce qui se passe d'habitude en matière de mandat; l'*actio mandati directa* ne s'exerce que postérieurement, et souvent n'aura aucune utilité pour le *mandator*. Supposons, en effet, que j'aie donné mandat à Titius de prêter cent à Seius purement et simplement. Titius se conforme à mon mandat, puis m'attaque comme garant; sa créance n'était garantie par aucune hypothèque ou autre sûreté. A quoi bon alors lui demander de rendre compte, de céder ses actions? L'action *negotiorum gestorum* me sera souvent aussi avantageuse que l'action *ex mutuo* de Titius et alors je m'en contenterai. Je dis : souvent, et non pas toujours, car il se peut que je préfère avoir cette dernière action, qui est *stricti juris,* plutôt que l'action de gestion d'affaires, qui est *bonæ fidei*. Cela devait même être fréquent au début de l'époque classique quand la *sponsio pœnalis tertiæ partis* était encore en usage dans l'*actio de certa pecunia credita e lege Silia.*

4° *Le mandatum est un contrat consensuel.* — Il n'a besoin d'aucune espèce de solennité pour se former ; la fidéjussion, au contraire, est un contrat qui se forme *verbis* et exige pour sa formation les solennités de la stipulation. Le mandat prend naissance sans aucun écrit ; le seul consentement, de quelque manière qu'il soit exprimé, suffit. Dès lors le mandat peut se former entre sourds, muets, etc., personnes à qui l'emploi de la fidéjussion est interdit, puisqu'elles ne pourraient entendre ni prononcer les paroles nécessaires ; il pourra se former également *inter absentes.*

Le *mandatum* n'est donc assujetti à aucune forme ; il résulte de là deux conséquences importantes :

a. — D'après Gaius, une loi Cicereia (1) décide que le créancier, avant l'engagement des *sponsores* ou *fidepromissores,* devait déclarer à haute voix (*prædicere palam et declarere*) l'objet de l'obligation et le nombre des cautions obligées à la dette. Si cette indication n'avait pas été faite par le créancier, cette loi donnait aux adpromettants une action préjudicielle pour se faire décharger de leurs engagements (Gaius, Comm., III, § 123). La loi Cicereia, qui fut étendue à tous les *adpromissores,* ne s'applique certainement pas au *mandator,* car c'est lui qui prend l'initiative de

____

(1) Le nom de cette loi est resté longtemps illisible sur le palimpseste. La terminaison *eia* apparaissant seule, elle fut appelée *Pompeia* par quelques savants qui l'attribuaient à Pompeius Rufus, consul avec Sylla en 666. Dès réactifs plus puissants employés récemment par Studemund sont venus rétablir la vérité en faisant apparaître nettement le véritable nom de cette disposition législative (*Revue de leg. fr. et étr.*, 1876, p. 544).

l'obligation à contracter, qui pousse son mandataire à devenir créancier ; c'est lui qui est le *suasor operis*, comme disent les textes ; par conséquent il n'a pas besoin d'être renseigné sur la dette et sur le nombre des cautions.

b. — Aux termes de la loi Cornelia, qui date de 673, époque de la dictature de Sylla, il est interdit, sous peine de nullité de l'engagement accessoire, de s'obliger pour le même débiteur envers le même créancier dans la même année pour plus de 20,000 sesterces (soit 3,800 francs de notre monnaie). Votée à une époque où le *mandatum* n'était pas en usage, cette loi ne peut non plus s'y appliquer ; d'ailleurs Gaius dans son Comm. III , § 124 nous dit qu'elle concernait uniquement le cautionnement fourni par voie de promesse verbale.

5. *Le mandatum est un acte d'intercessio.* — On désigne en général sous le nom d'*intercessio* l'acte par lequel, volontairement et sans y être obligé, nous prenons à notre charge la dette d'un autre. L'*intercessio* peut revêtir les formes les plus variées, mais ordinairement elle se réalise par l'un des actes suivants : *adpromissio, expromissio,* constitution de gage ou d'hypothèque faite pour un tiers, pacte de constitut fait également pour un tiers, enfin *mandatum pecuniæ credendæ :* c'est le cas qui nous occupe.

Le mandat donné en faveur d'un tiers, disons-nous, nul dans son principe, devient valable et constitue une *intercessio* lorsque le mandataire l'exécute volontairement, lorsqu'il fait au profit du tiers ce qu'il était chargé de faire. Le mandataire devient alors créancier, le tiers débiteur principal et le mandant intercédant.

Toutefois il peut se faire que le *mandatum pecuniæ credendæ* prenne un autre caractère et que le *mandator* soit, pour ainsi dire, le seul auquel le créancier songera à s'adresser.

Ainsi Titius, de Rome, donne mandat à son ami Seius, de Marseille, de prêter à Primus, qui voyage et qui est en ce moment dans cette dernière ville, les sommes qui lui sont nécessaires pour se remettre en route. Seius, en prêtant de l'argent à Primus qu'il ne connaît pas, qui ne fait que passer et qu'il ne reverra peut-être jamais, ne l'accepte pas pour débiteur principal. Son obligé principal, ce sera Titius, et en conséquence Titius, *mandator*, ne pourra invoquer le bénéfice de discussion comme eût pu le faire une caution ; tout dépendra d'ailleurs de l'intention des parties, car en matière de mandat il ne faut consulter que l'équité.

La question de savoir s'il y a ou non *intercessio* dans le cas d'un *mandatum pecuniæ credendæ* présente un double intérêt.

1ᵉʳ Intérêt. — Bien que capables de s'obliger en principe, les femmes ne peuvent, aux termes du sénatus-consulte Velléien, *intercedere* pour autrui. Des édits d'Auguste et de Claude avaient défendu aux femmes de faire des actes d'*intercessio* en faveur de leurs maris : *Ne feminæ pro viris suis intercederent* (loi 2, pr. Dig., ad sen. cons. Vell.). Cette prohibition fut rendue générale par le sénatus-consulte Velléien sanctionné sous le règne de Claude, probablement en l'an 46 (1), et qui défendit que les femmes puissent s'obliger ou obliger leurs biens pour autrui (loi. 2, § 1, ad sen. cons. Vell.) : « *In omni genere negotiorum et obligationum tam pro viris quam pro feminis intercedere mulieres prohibentur,* » dit le jurisconsulte Paul dans ses Sentences titre II § 1. La prohibition du sénat atteint tous les actes qui obligent, soit la femme elle-même, tels que le mandat, soit ses biens, tels que le gage et l'hypothèque.

_____

(1) Dion Cassius, LX, 27.

Mais si la femme, au lieu de s'obliger ou d'engager son bien avait fait une dation en payement ou une donation, le sénatus-consulte ne serait pas applicable. La raison en est que, dans ces deux cas, l'acte ayant des conséquences facilement appréciables, la femme se laissera difficilement aller à le faire. Au contraire, s'il s'agissait de s'obliger ou d'engager son bien dans l'intérêt d'autrui la femme n'apercevrait pas le danger, parce qu'elle se fierait à la solvabilité de celui à qui elle rendrait service, et qu'elle ne réfléchirait pas assez au préjudice que pourrait lui causer son engagement.

L'intercession de la femme n'était pas nulle de plein droit, mais la femme pouvait en tout état de cause, même après le jugement obtenu contre elle, opposer l'*exceptio senatus consulti Velleiani* à toute demande ou mesure tendant à obtenir l'exécution de la promesse contenue dans l'intercession. Cette exception avait pour effet de frapper d'inefficacité complète l'obligation de la femme avec tous les accessoires, de manière qu'il ne restât pas même de lien naturel et que la femme pût répéter comme indûment payé ce qu'elle aurait donné en exécution de sa promesse ; elle pouvait intenter la *condictio indebiti* pour répéter les choses dont elle avait transféré la propriété (loi 40, pr. Dig., XII, 6) ou revendiquer les biens qu'elle avait donnés en gage.

Ainsi donc, à ce premier point de vue déjà, il est intéressant de savoir si le *mandatum* présente le caractère d'*intercessio*. Mais les femmes ne sont pas les seules personnes incapables d'*intercedere;* la même incapacité frappe les esclaves.

2e Intérêt. — Les esclaves ne peuvent pas non plus *intercedere*, par conséquent donner valablement un *mandatum pecuniæ credendæ*.

La règle générale établie par le préteur est qu'un esclave placé par son maître à la tête d'un pécule peut obliger le maître *in infinitum*, lorsqu'il agit d'après un ordre reçu, et jusqu'à concurrence de son pécule dans tous les autres cas. Mais cette règle ne s'applique pas quand l'esclave s'oblige comme *intercessor*, par suite quand il s'oblige comme *mandator*. La loi 3, § 5, Dig., XV, 1, nous dit en effet : « *Si filius familias vel servus... mandaverint : tractatum est an sit de peculio actio ? Et est verius in servo causam... mandandi spectandam ; quam sententiam et Celsus libro sexto probat in servo fidejussore. Si igitur quasi intercessor servus intervenerit, non rem peculiarem agens, non obligabitur dominus de peculio.* » Et le § 9 ajoute : « *Sed si filius interventor acceptus sit, an de peculio patrem obligat, quæritur. Et est vera Sabini et Cassii sententia existimantium semper obligari patrem de peculio, et distare in hoc a servo.* » Ainsi on ne donne d'action *de peculio* contre le maître à raison de l'*intercessio* de son esclave que lorsque celui-ci s'est engagé *in rem domini aut ob rem peculiarem* (loi 47, § 1, Dig., XV, 1) : s'agit-il d'un fils de famille, le père, au contraire, sera toujours tenu *de peculio* des engagements contractés par son fils *qui interventor fuit acceptus* (loi 3, § 9, Dig., XV, 1). Pourquoi cette différence entre le fils et l'esclave ? C'est que le fils à la tête d'un pécule, s'il intervient, sait qu'il agit pour son propre compte ; on n'a pas à redouter de sa part de ruineuses intercessions ; au contraire l'esclave est l'ennemi de son maître, il peut le ruiner, intervenir, par exemple, pour un débiteur qui lui promet de l'acheter et de l'affranchir aussitôt. Ce point de vue n'est pas contraire au sénatus-consulte Macédonien : un fils peut être entraîné à contracter des emprunts pour satisfaire ses plaisirs, mais il ne fera pas des intercessions qui ne lui procureraient aucun avantage immédiat et qui pourraient même lui nuire plus tard.

Il peut arriver que l'esclave se soit constitué fidéjusseur ou *mandator* et ait payé en cette qualité. Alors deux questions se posent : le maître en ce cas peut-il répéter ? Par quelle action ? La loi 19, Dig., XV, 1, part de cette distinction : ou l'esclave s'est porté *intercessor* à raison d'une affaire intéressant le pécule, ou bien il a fait acte de générosité. Dans le premier cas, la fidéjussion, le *mandatum* sont valables, mais le payement n'échappera pas toujours à la revendication du maître. Si l'esclave a payé des deniers du pécule, il a bien payé, il n'y aura pas de répétition possible ; mais s'il a employé de l'argent qui appartenait au patrimoine proprement dit du maître, alors le payement est nul : l'esclave n'a pas pu ainsi dépouiller son maître, et celui-ci pourra revendiquer. — Dans le second cas, quand l'esclave est intervenu en dehors de tout intérêt de son pécule, l'acte est nul, et il y a action en répétition : si l'esclave a payé *ex dominica pecunia*, cette répétition s'exercera par voie de revendication ; si l'esclave a payé *de peculio*, le payement est nul, mais, comme il a pu transférer la propriété, le maître usera de la *condictio indebiti*.

Comme on le voit, la loi se montre avec raison plus sévère pour l'*intercessio* que pour une autre obligation : c'est qu'il est le plus souvent difficile d'en prévoir les suites et, par conséquent, facile de s'y laisser entraîner.

Nous terminons ici ce que nous avions à dire sur les caractères du *mandatum;* il nous faut maintenant, avant d'étudier ses effets, déterminer les caractères de l'obligation qu'il doit garantir.

CARACTÈRES QUE DOIT RÉUNIR L'OBLIGATION GARANTIE PAR LE MANDATUM

L'obligation contractée sur l'ordre du *mandator pecuniæ credendæ* doit être future ; il faut en outre qu'elle naisse du consentement du créancier ; enfin, il faut qu'elle soit valable. Reprenons séparément chacun de ces caractères ;

1° *L'obligation contractée en vertu du mandatum doit être future.* — Le *mandatum,* à la différence de la *fidejussio* (Inst., III, xx, § 3) ne s'applique pas en effet à des obligations qui existent déjà ; il est bien évident que si, comme le dit la loi 12, § 14, Dig. XVII, I, *post creditam pecuniam mandavero creditori, credendam, nullum esse mandatum rectissime Papinianus ait.* Toutefois, à cette règle que le *mandatum* ne s'applique pas à des obligations qui existent déjà, il y a une petite exception dans cette même loi 12 § 14 : on suppose qu'une dette est déjà née et que, le créancier étant disposé à poursuivre le débiteur, une personne intervient et donne mandat à ce créancier d'accorder un terme à son débiteur en lui promettant qu'il ne souffrira pas de ce terme. Il n'y a pas là un *mandatum pecuniæ credendæ* dans la force du terme, mais enfin on peut dire qu'il y a quelque chose d'analogue.

2° *Elle doit naître de la volonté du créancier.* — *Mandatum pecuniæ credendæ :* cela signifie, nous l'avons dit, mandat de devenir créancier : or, en analysant cette idée, nous tirons cette conséquence, c'est que le *mandatum* ne peut s'appliquer qu'à des créances dont l'existence suppose le consentement du créancier. Il faut donc ici exclure les obligations *ex delicto;* il faut exclure également les obligations quasi-contractuelles. Ces obligations, qui naissent soit du fait du débiteur, telle que la gestion d'affaires, soit directement d'un état de choses prévu par la loi, tel que l'indivision, le bornage, etc., ne pourront pas être cautionnées par un *mandator.* Et nous pouvons constater à ce point de vue encore l'avantage de la fidéjussion sur le *mandatum.*

3° *Elle doit être valable.* — Toutefois disons de suite qu'il est une obligation qui, bien que valable, ne peut être contractée en vertu d'un *mandatum :* c'est l'obligation qui incombe au mari de restituer la dot qu'il a reçue (1). A l'époque classique (Gaius, Comm. III, § 125), cette obligation pouvait être cautionnée. Mais en 380, Valentinien et Théodose décidèrent que le mari ne pourrait plus fournir un fidéjusseur pour sûreté de la dot qu'il devait restituer à la dissolution du mariage, et cette décision, qui se restreignait à la *fidejussio,* fut complétée par Justinien, qui, à son tour, décida que la dot ne pourrait être garantie ni par un fidéjusseur ni par un *mandator* (lois 1 et 2, C., V, xx); il donne comme motif que la femme ayant assez de confiance en son mari pour se livrer elle-même, doit également avoir confiance en lui pour la sûreté de ses biens. Il est peut-être plus juste de dire qu'on a voulu empêcher qu'un tiers ne s'immisçât dans les affaires des époux.

Ce cas excepté, toute obligation peut être garantie par un *mandatum,* pourvu qu'elle soit valable. Donc, s'agit-il d'une obligation nulle, qui n'existe pas, le *mandator* n'encourt aucune responsabilité : or il peut y avoir nullité soit pour

____

(1) M. Molitor, *Des oblig. en droit romain,* tome II, p. 572.

défaut de cause (loi 15, Dig., XLVI, 1), soit pour cause illicite.

Mais dès que l'obligation existe, peu importe qu'elle soit principale ou accessoire : ainsi je vous donne mandat de faire un prêt ou de vous porter fidéjusseur. De même peu importe qu'elle soit civile, c'est-à-dire munie d'action ou naturelle (loi 16, § 3, 1). Ainsi, quand je donne mandat de prêter de l'argent à un pupille, bien que celui-ci ne soit tenu civilement de rendre que dans la limite de son enrichissement, *quatenus locupletior factus erat*, comme il est obligé naturellement pour le tout, je puis être poursuivi *in solidum* par le créancier. (1) De même, si je mande à Titius de prêter de l'argent à un esclave (loi 70, § 3, Dig., XLVI, 1. — Inst. I, *De Fidej*). Les textes résolvent la question pour le fidéjussion, mais il n'y a pas de raison pour ne pas les appliquer dans le cas du *mandatum*.

Quid, si j'ai donné mandat de prêter à un fils de famille ? L'obligation du fils de famille emprunteur, si le *mutuum* a été contracté contrairement au sénatus-consulte Macédonien, est-elle susceptible d'être garantie par une *intercessio ?* La réponse est donnée par la loi 9, § 3, Dig., XIV, 6 : « *Non solum filio familias et patri ejus succurritur, verum fidejussori quoque et mandatori ejus, qui et ipsi mandati habent regressum : nisi forte donandi animo intercesserunt ; tunc enim cum nullum regressum habeant, senatusconsultum locum non habebit, sed et si non donandi animo, patris tamen voluntate, intercesserunt, totus contractus a patre videbitur comprobatus.* » Ainsi en principe on vient au secours de l'*intercessor* malgré l'existence de l'obligation naturelle, et la raison donnée par le jurisconsulte, c'est que si le fidéjusseur ou le *mandator*

____

(1) M. Molitor, *Des oblig. en droit romain*, tome II, p. 473.

étaient obligés de payer, ils auraient un recours par l'action de mandat contre le fils de famille. Mais si ce recours n'existe pas (c'est ce qui arrive lorsqu'ils sont intervenus *animo donandi*), ils ne pourront se prévaloir du sénatus-consulte.

En résumé donc, l'obligation contractée sur l'ordre du *mandator* doit être future, valable, et naître de la volonté du créancier : ce sont là trois conditions essentielles. En matière de fidéjusion, il faut de plus que l'objet de l'obligation soit le même que celui de l'obligation principale ; en d'autres termes, la fidéjussion ne peut être contractée *in duriorem causam* (Gaius, Comm. III, § 126 ; Inst., III, § 5, *de Fidej.*). Cela ne veut pas dire, notons-le, que le fidéjusseur ne sera jamais tenu plus rigoureusement que le débiteur principal. Pour ne citer qu'un exemple, le fidéjusseur d'une obligation naturelle est soumis à une action civile de la part du créancier, alors que le débiteur cautionné ne l'est pas. Il faut donc entendre la règle des Institutes en ce sens que l'obligation contractée par le fidéjusseur ne doit pas contenir davantage que celle du débiteur principal. Que devons-nous décider en ce qui concerne le mandat ? Nous dirons de même que, pour que le *mandator* soit responsable envers le créancier des sommes par lui prêtées, il faut que celui-ci se soit renfermé strictement dans les termes du mandat qu'il a reçu, *nam qui excessit aliud quid facere videtur* (loi 5, Dig., XVII, 1) (1). La seule différence consiste dans la sanction : dans un cas, quand la fidéjussion est *durior*, il y a nullité (loi 8, pr., Dig., XLVI, 1) ; dans l'autre, quand les limites du mandat ont été dépassées,

(1) Ce point toutefois est très controversé. Consulter M. Accarias *Précis de Droit romain*, tome II, p. 361. — M. Molitor, *Des Oblig. en droit romain*, tome II, p, 562.

il y a réduction. Passons en revue quelques hypothèses.
Je vous ai donné ordre de prêter 100 à Titius, et vous lui
avez prêté 50. Je suis tenu envers vous jusqu'à concurrence de 50, car le moins est contenu dans le plus ; mandataire, vous devez agir au mieux de mes intérêts, ne pas dé-
Passer les limites que je vous ai données ; mais vous
pouvez rester au-dessous de ces limites. Si, au contraire,
vous avez prêté 200, je ne suis pas évidemment obligé envers vous pour 200 ; votre opération se décompose en deux
parties distinc tes : vous aurez action contre moi jusqu'à
concurrence de 100, mais pour le surplus, v ous avez agi à
vos risques et périls (loi 33, XVII ; loi 22, C., VIII, XLI).

Si vous avez bien fait ce que portait mon mandat, mais
sans prendre les précautions que je vous ai prescrites; par
exemple, si vous avez prêté purement et simplement, tandis
que je ne vous avais donné ordre de ne prêter que sur
hypothèque, je ne suis pas obligé envers vous (loi 7,
C., VIII, XLI). Je serai tenu, au contraire, si vous avez
exigé des garanties que je ne vous avais pas recommandé
de prendre: je ne puis me plaindre, en effet, de sûretés qui
me profiteront à moi-même quand vous m'aurez cédé vos
actions.

Je vous ai chargé de prêter à Pierre purement et simplement, vous lui prêtez à terme ; je ne suis pas tenu de
l'action *mandati*. La raison qu'en donne Pothier est la suivante : « Je ne me suis obligé à vous rembourser la somme
que je vous ai donné ordre de prêter, qu'autant que vous
auriez été en état de me céder, après que je vous aurai
remboursé cette somme, des actions contre Pierre, par
lesquelles j'eusse pu aussitôt que je l'eusse voulu, exiger
cette somme de Pierre, sans qu'il pût me donner quelque
chose à la place ; ainsi, vous étant, par les termes et facul-

tés que vous avez accdordés à Pierre, mis hors d'état de pouvoir me céder ces actions, je ne suis point tenu envers vous du prêt que vous avez fait à Pierre » (1).

La solution serait différente si je vous avais donné mandat de prêter à terme et que vous ayez prêté purement et simplement; je serais alors tenu envers vous, mais vous ne pourriez me poursuivre qu'après l'expiration du terme que j'avais indiqué.

Comme on le voit, la question doit être réglée ici par les principes du mandat, et ces mêmes principes dont nous venons de faire l'application peuvent servir à résoudre une foule de questions analogues, qu'il serait trop long de développer ici.

(1) Pothier, *Oblig.*, n° 447

CHAPITRE II

Effets du « mandatum ». — Des divers bénéfices accordés aux « mandatores. »

Nous avons maintenant une idée de la nature du *manda-tum*: il nous faut voir quels étaient les effets qu'il produi-sait:

1° Entre le créancier et le *mandator ;*

2° Entre les divers *comandatores;*

3° Entre le *mandator* et le débiteur.

SECTION Ire

Effets du « mandatum » entre le « mandator » et le créancier. — Bénéfice de discussion.

Le *mandatum pecuniæ credendæ* donné dans l'intérêt d'un tiers n'obligeait personne, nous le savons, tant qu'il n'avait pas été exécuté. Mais sa seule exécution faisait naître au profit du mandataire deux obligations : l'une qui liait envers lui le tiers qui avait emprunté et l'autre qui liait envers lui le *mandator*. Il y avait ainsi un débiteur principal, l'em-prunteur et un *intercessor* ou débiteur accessoire, le *manda-tor ;* le mandataire avait toujours un recours contre le *man-dator* au moyen de l'*actio mandati contraria*, si le débiteur ne satisfaisait pas à son obligation, car tout mandataire avait le droit de se faire indemniser par son mandant du préjudice résultant de l'inexécution de son mandat. Nous avons déjà parlé de cette action, mais nous ne nous sommes pas encore expliqués sur sa nature. C'était une action civile, de bonne foi, dans laquelle, par conséquent le juge avait la plus grande latitude d'appréciation et où l'exception de dol n'avait pas besoin d'être insérée(1). Cette action était perpétuelle comme presque toutes les actions civiles ; elle n'était pas infamante (Inst. Livre IV, tit. 16). C'était au moyen de cette action, disons-nous, que le créancier mandataire se faisait indemniser.

Maintenant, à quel moment pouvait-il exercer ses poursuites? La loi 57 *de Fidej.* pose la règle pour les fidéjusseurs : « Un fidéjusseur, nous dit-elle, ne peut être poursuivi avant que le débiteur puisse l'être. » Nous pouvons dire de même pour le *mandator :* par conséquent, si la dette était affectée d'un terme ou d'une condition, ce dernier en profitera.

Mais où le *mandator* devra-t-il être poursuivi? devant quel magistrat? Ici les règles générales qui déterminent la compétence du magistrat ne sont exclues par aucune règle spéciale : le *mandator* pourra être poursuivi devant le magistrat soit de son domicile, soit de son *origo*, soit de Rome. Toutefois quand le débiteur a déterminé l'endroit où il exécuterait son obligation, le magistrat de cet endroit est compétent pour délivrer la formule, et c'est là que le créancier doit poursuivre. La loi 61 *de Fidej.* nous dit, en effet : « *Si cum pecunia mutua daretur, ita convenit ut in Italia solveretur : intelligendum, mandatorem quoque simili modo contraxisse* ».

En principe, le créancier avait le droit de choisir entre

____

(1) *Doli exceptio bonæ fidei judiciis inest.* Frag. vat. § 94.

le débiteur et le *mandator* (loi 13, Dig., XLVI, ɪ. — loi 23, Code, VIII, xʟɪ) : « *Qui mutuam pecuniam dari mandavit*, dit Papinien, *omisso reo promittendi et pignoribus non distractis, eligi potest.* » Il pouvait poursuivre le *mandator* sans avoir attaqué le débiteur principal, et, à l'époque classique, celui-ci ne pouvait le forcer à discuter le débiteur; ce n'était qu'en faisant appel à sa bienveillance qu'il pouvait obtenir qu'il le fît (Const. 19, Code, VIII, xʟɪ) à moins qu'il n'y eût eu une convention spéciale sur ce point. Justinien dans la Novelle ɪV, promulguée en 535, décida que le créancier ne pourrait poursuivre le *mandator* qu'après avoir poursuivi et *discuté* le débiteur principal.

Le bénéfice d'ordre et de discussion est donc la faveur accordée au *mandator* poursuivi par le créancier de renvoyer ce dernier à discuter le débiteur principal, afin qu'il se fasse payer par lui, s'il le peut. Justinien ne s'attribue pas l'honneur d'être le créancier de ce bénéfice; il ne fait, dit-il, que rendre la vie à une ancienne loi tombée en désuétude, « *non usu adprobatam*, » Malheureusement, nous ne trouvons au Digeste aucune trace de cette loi, qu'il qualifie d'antique. Cujas a conjecturé que Justinien faisait ici allusion à la loi des XII Tables; l'argument principal qu'il fournit nous semble assez faible : il consiste à dire que Justinien est dans l'habitude d'employer les termes de *lex antiqua* pour caractériser la loi des XII Tables; il est bien vrai qu'il s'est servi de ces termes dans la loi 1, Code, *de Except. seu Prescript.*, VIII, xxxvɪ, mais il ne nous paraît pas que l'on puisse tirer un argument de cette expression. D'autres auteurs ont prétendu que ces mots *lex antiqua* visaient le bénéfice de discussion accordé aux fidéjusseurs du débiteur du fisc; il est certain qu'une constitution de l'an 293 formant au Code la

loi 4, *quando fisc vel priv.* IV, 15 paraît accorder cette faveur
à cette classe de débiteurs : nous ne pensons pas cependant
que Justinien ait eu en vue ce cas particulier, et peut-être
pourrait-on dire que Justinien, par un excès de modestie
bien rare chez un empereur romain et chez Justinien lui-
même, ou peut-être par l'effet d'une erreur historique,
attribue aux temps qui l'ont précédé une institution dont
le mérite heureux lui revient tout entier.

Quoi qu'il en soit, avec le bénéfice de discussion le créancier ne peut plus choisir entre le débiteur et le *mandator*,
et l'obligation a lui imposée de poursuivre d'abord le débiteur est présentée par Justinien, notons-le, comme un
devoir légal : le *mandator*, si le créancier n'a pas discuté le
débiteur, peut repousser toute poursuite non pas en le
renvoyant à discuter, en lui indiquant les moyens, mais
en invoquant la simple nullité de la poursuite intentée contre
lui sans discussion préalable des biens du débiteur principal : tel est le véritable sens de la Novelle IV, sens qui a
été mal compris par certains commentateurs (1).

Toutefois le bénéfice de discussion n'abroge pas complètement le principe d'après lequel le créancier avait un
choix, car l'exercice du bénéfice de discussion suppose
quelques conditions, et ces conditions ne sont pas toujours
remplies.

A quelles conditions donc s'exerce le bénéfice de discussion ?

Il faut en premier lieu que le *mandator* poursuivi demande la discussion *inter exordia litis* (ch. I, nov. IV); car ce
bénéfice constitue une exception dilatoire et non un moyen
de défense au fond; le *mandator*, en effet, ne nie pas la dette.

____

(1) M. Labbé, à son cours.

Il faut en outre que le débiteur principal soit présent ou, s'il est absent, que le *mandator* s'engage à lui faire fixer par le juge un délai pour se présenter. Pendant ce délai, il est sursis aux poursuites, mais l'instance suit son cours contre le *mandator* si, à l'expiration du délai, le débiteur principal n'est pas de retour.

L'*in jus vocatio* ne pouvait pas, en effet, se faire contre un absent; on pouvait bien se servir des moyens de procédure fournis par la *missio in possessionem* des biens du défendeur absent accordée par le préteur sur simple requête, mais en employant cette procédure on n'obtenait qu'un gage et non une condamnation.

Enfin il faut que le *mandator* n'ait pas renoncé au bénéfice de discussion.

Il y a certains cas en outre où ce bénéfice ne peut être invoqué : ainsi lorsque le débiteur est notoirement insolvable, ou bien en cas d'*infitiatio* du *mandator*.

Quels biens le créancier doit-il discuter avant de poursuivre le *mandator* ? Tous les biens du débiteur principal ; dans le chapitre II de la Novelle, Justinien règle l'ordre suivant lequel le créancier, qui a reçu à la fois des sûretés réelles et des cautions, fera valoir ces différentes garanties: il doit poursuivre d'abord les cautions, à quelque classe qu'elles appartiennent, avant de chercher à se payer sur les biens hypothéqués qui sont passés entre les mains des tiers détenteurs. D'ailleurs les cautions mêmes qui auraient constitué au profit du créancier un droit de gage ou d'hypothèque sur leurs propres biens, ne perdraient pas pour cela le bénéfice de discussion. Si le débiteur principal et les cautions avaient également consenti des hypothèques sur leurs biens et que ces biens eussent été aliénés depuis, il faudrait suivre entre les tiers détenteurs le même ordre qu'entre leurs auteurs et poursuivre le payement sur les biens hypothéqués par le débiteur avant de s'adresser à ceux hypothéqués par les cautions.

Le bénéfice de discussion a pu entraîner deux conséquences que les textes n'indiquent pas : la première, c'est que du jour où le *mandator* a opposé ce bénéfice au créancier, il est certain que celui-ci est désormais responsable de l'insolvabilité du débiteur principal, si elle survient par suite de sa négligence à poursuivre. Ainsi la dette est de 100, le *mandator* oppose le bénéfice de discussion ; si le créancier poursuivait aujourd'hui, il aurait ses 100, mais il s'endort et ne poursuit que plus tard. Pendant ce temps le débiteur est devenu insolvable. Eh bien ! tant pis pour le créancier : il est responsa¹ e. Cette première conséquence est raisonnable, et les termes de la Novelle lui sont favorables ; la Novelle dit, en effet, que le *mandator* ne payera que ce que le débiteur ne pourra pas payer. Notre deuxième conséquence est la suivante : dans le droit antérieur à Justinien, on voyait quelquefois un pacte *de non petendo in personam* fait par le créancier au débiteur principal (l. 21, § 5 ; l. 22, II, xiv) : le sens de ce pacte était que le créancier s'engageait à ne pas faire faire au débiteur l'avance de la dette. En supposant un pareil pacte consenti par le créancier après la Novelle IV, il ne serait évidemment pas opposable au *mandator*, car le *mandator* ne peut pas être privé du bénéfice de discussion.

Ce bénéfice, on peut le remarquer, a un caractère tout particulier. Justinien, dans la Novelle, a un langage impératif ; il transforme le *mandator* en un débiteur subsidiaire. C'était peut-être aller un peu loin. Notre législateur moderne, tout en admettant le bénéfice de discussion, est plus favorable au créancier : il était excessif de prononcer la nullité de la poursuite intentée sans discussion préalable contre le *mandator*. Aussi chez nous le débiteur accessoire qui invoque la discussion doit avancer les frais, indiquer les biens à discuter, venir en aide en quelque sorte au créancier. La poursuite intentée contre lui n'est point annulée, elle sommeille seulement pendant le temps de la discussion du débiteur principal.

SECTION II

Effets du « mandatum » entre les divers « comanda-tores » d'une même dette. — Bénéfice de division.

Il pouvait se faire que plusieurs personnes donnassent mandat à Titius de prêter de l'argent à Seius, par exemple : les co-mandants étaient tenus non pas *correaliter*, mais solidairement envers leur mandataire. Nous savons, en effet, qu'en droit romain les auteurs distinguent deux sortes de solidarité : la corréalité et l'obligation simplement *in soli-dum*. Mais quand y a-t-il obligation véritablement corréale? quand, au contraire, y a-t-il obligation simplement solidaire? c'est un point vivement discuté entre les interprètes. Suivant une opinion assez séduisante, la corréalité ne pourrait exister qu'entre personnes tenues d'une *condictio*, tandis que l'obligation simplement solidaire existerait entre débiteurs tenus *in solidum* soit d'une action *bonæ fidei*, soit d'une action *in factum* (1). Mais cette inter-prétation est difficile à soutenir en présence de la loi 9, Dig. *de Duobus reis* et de la loi 1, Code, *de Condictione furtiva ;* nous

______
(1) M. Demangeat, *Des obligations solidaires*, p. 281.

admettons que la véritable corréalité peut tout aussi bien
résulter d'un contrat *bonæ fidei* que d'un contrat *stricti juris*,
et qu'il faut avant tout s'attacher à l'intention des parties.
Cependant il nous semble que si le contrat est *bonæ fidei*,
on doit plutôt présumer la simple solidarité, et, au contraire,
la véritable corréalité, si le contrat est *stricti juris*. Aussi,
puisque le *mandatum pecuniæ credendæ* est un contrat *bonæ
fidei*, nous considérerons plusieurs *mandatores* comme tenus
d'une simple solidarité et, par conséquent, la *litis contestatio*
avec l'un d'eux ne libérait pas les autres; ils n'étaient libérés que par le payement : *non electione, sed solutione tantum
liberabantur*. On trouvait inique que l'un des co-débiteurs
pût arguer de la *litis contestatio* dans un contrat de bonne
foi fondé sur l'équité, tant que le créancier n'avait pas été
désintéressé.

Le créancier pouvait donc forcer chacun des *comandatores* à le désintéresser pour le tout (loi 59, § 3, *Mandati*);
pour l'obliger à diviser entre eux son action, ils avaient
besoin, comme les *fidejussores*, d'un bénéfice spécial. Une
loi Furia, applicable seulement en Italie, divisait bien de
plein droit l'obligation entre plusieurs *cosponsores* ou *cofi-
depromissores;* mais cette loi ne s'appliqua pas plus au *mandatores* qu'aux fidéjusseurs, et elle disparut avec l'usage des
formes d'*intercessio* qu'elle concernait. Toutefois le bénéfice
de division fut certainement accordé aux *mandatores :* les
textes insérés dans les compilations de Justinien ne permettent pas d'en douter. Mais l'origine de leur droit de
l'invoquer est problématique. D'après la Const. 3, au
Code, IV, xviii, l'*epistola* d'*Hadriani* aurait parlé en même
temps des mandants et des fidéjusseurs : *Epistola, quæ de pe
riculo dividendo inter mandatores et fidejussores loquitur*... dit
Justinien. Cette opinion est pourtant généralement repous-

sée, et on se fonde pour la réfuter sur le §7 Dig., XXVII, VII qui induit en effet à penser que le bénéfice de division ne fut étendu aux *mandatores* que par la jurisprudence. Papinien suppose que les fidéjusseurs d'un tuteur ont donné mandat à l'ex-pupille de discuter les biens du tuteur. Si l'ex-pupille n'a pu se faire payer intégralement, il se retournera contre eux et exercera l'*actio mandati*, afin de recouvrer le surplus de sa créance : le jurisconsulte décide qu'il devra diviser entre eux son action : « *Placuit inter eos qui solvendo essent, actionem residui dividi : quod onus fidejussorum susceptum videretur : nam et si mandato plurium pecunia credatur, æque dividitur actio : si enim quod datum pro alio solvitur, cur species actionis æquitatem divisionis excludit ?* » Papinien aurait-il pris tant de peine pour justifier sa décision et n'aurait-il pas employé des termes beaucoup plus affirmatifs, si un texte législatif exprès avait tranché la question? Quelques auteurs vont même jusqu'à penser que ce fut précisément à Papinien que les *mandatores* durent de se voir appliquer pour des raisons d'équité, un bénéfice que le rescrit de l'empereur Adrien n'avait établi que pour les fidéjusseurs.

Quoi qu'il en soit, ce bénéfice leur fut accordé, cela est certain : il nous faut donc examiner à quelles conditions.

1° La division ne s'opère qu'entre les *mandatores* solvables au moment de la *litis contestatio* (loi 51, §1, XLVI, I); après cette époque, en principe, le risque de l'insolvabilité est à la charge du créancier, dans ses rapports avec les cautions, bien entendu, et non dans ses rapports avec le débiteur qui reste toujours tenu. Mais la division ne s'opère-t-elle qu'entre les répondants capables de s'engager : en d'autres termes, l'incapacité d'un répondant produit-elle le même effet que son insolvabilité. La loi 48,

Dig., XLVI, I, prévoit à ce sujet deux hypothèses distinctes. Si l'un des répondants est une femme incapable d'*intercedere* d'après le sénatus-consulte Velléien, comme son intercession est radicalement nulle, les autres garants doivent acquitter la totalité de la dette. Si l'un des fidéjusseurs a obtenu la *restitutio in integrum* pour minorité, par exemple, il faut distinguer : si le mineur n'a contracté qu'après ses co-répondants, ceux-ci seront tenus pour le tout, car ils n'ont pas dû compter sur une division avec lui ; si, au contraire, tous s'étaient obligés ensemble, les débiteurs capables pourront faire comprendre le mineur dans la division, *propter incertum œtatis ac restitutionis*, car ils ont pu ignorer l'âge du co-obligé ou espérer qu'il ne se ferait pas restituer. Telle est au moins l'interprétation que nous admettons de ce texte qui a soulevé de très grandes difficultés. Le sens naturel de cette phrase, *sed ita demun alteri totum irrogandum est si postea minor intercessit*, nous paraît être : « l'autre caution ne doit supporter la totalité de la dette que dans le cas où l'intercession du mineur serait postérieure à la sienne (1). » L'expression *demum*, en effet, est un équivalent de *tantummodo*.

La partie finale du texte de Papinien prévoit le cas où l'engagement du mineur n'est intervenu que par suite du dol du créancier : que cet engagement soit intervenu avant, après, ou simultanément, le résultat est le même : le créancier doit seul supporter le préjudice que son dol a occasionné.

(1) Telle est aussi l'interprétation de Godefroy qui paraphrase ainsi cette loi : *Si antiquam Caius minor fidejuberet fidéjussero, in solidum teneor, quia minorem teneri ex ea fidejussione iniquum est cum ejus œtas fragilis et exposita captionibus restitutionem mereatur* (loi 48, § 1., *De Fidej.*, Dig., édition de 1663).

2° Il faut que le bénéfice de division soit invoqué; il n'a pas lieu de plein droit (loi 28, XLVI, 1); c'est par voie exception que l'*intercessor* l'opposera.

On peut ici distinguer trois hypothèses: si, au moment où le créancier veut engager sa poursuite, l'insolvabilité du *comandator* est certaine, le magistrat dira au *mandator* poursuivi: Vous ne pouvez pas échapper à la poursuite *in solidum*, car la condition de solvabilité de votre *comandator* fait défaut. S'il y a solvabilité certaine ou paraissant certaine, en ce cas de deux choses l'une : ou le créancier ne songera pas même à poursuivre *in solidum* et divisera son action, sachant que la formule *in solidum* lui sera refusée; ou bien le magistrat le forcera à diviser son action et lui délivrera une formule *pro parte*, et dès ce moment les insolvabilités seront à sa charge (loi 5, § 4, Dig., XLV1, 1). Enfin, s'il y a solvabilité douteuse, le préteur insérera dans la formule l'exception *si non et illi solvendo sint;* et le juge tranchera la question (loi 28, Dig., XLVI, 1). C'est donc *in jure* que sera invoquée l'exception, et après la *litis contestatio* elle ne sera plus possible (loi 16, Code, VIII, xli). Pothier et Vinnius (1) ont soutenu le contraire, sur la foi d'un texte mal interprété (la loi 10, au Code VIII, xli) : «afin que celui qui s'est porté fidéjusseur avec un autre, dit cette loi, ne soit pas actionné seul, on a coutume de demander que l'action soit divisée entre ceux qui sont solvables, *ante condemnationem*, suivant l'ordre. » Ces auteurs pensaient que ces mots *ante condemnationem* voulaient dire «avant la condamnation ». Mais on sait aujourd'hui, depuis la découverte des Institutes de Gaius, que le

(1) Pothier, *Pandectes* LIX, de Fidej. — Vinnius, *Quæst.*, lib. II, § 4.

mot *condemnatio* désigne la dernière partie de la formule quele préteur dressait pour définir l'office du *judex*. D'ailleurs, suivant les habitudes de langage des jurisconsultes romains, la sentence du juge n'est pas désignée par le mot *condemnatio*, mais par le mot *sententia*, ou *res judicata* Ainsi donc, c'est toujours avant la délivrance de la formule, *in jure*, que le bénéfice de division doit être invoqué.

Supposons l'exception prouvée, le *mandator* poursuivi sera-t-il absous ? En règle générale, l'exception est un condition négative mise à la condamnation ; mais cette règle n'est pas absolue. Nous voyons dans la loi 22, pr., Dig., XLIV, ɪ, que l'exception a tantôt pour effet de soustraire le défendeur à la condamnation, tantôt pour effet de diminuer la condamnation. Or les Romains devaient ranger l'exception *si non et illi solvendo sint* parmi celles qui diminuent la condamnation. Le créancier peut, en effet, sans mauvaise foi, avoir douté de la solvabilité des *mandatores* ; il y aurait injustice à prononcer en pareil cas l'absolution du défendeur (1).

3° Il faut que le *mandator* n'ait pas perdu ce bénéfice. Il est certains cas, en effet, ou le bénéfice de division ne sera pas accordé. D'abord en cas d'*infitiatio* ; c'est ce que décide formellement Ulpien (loi 10, § 1, Dig., XLVI, ɪ): *Ita demum inter fidejussores dividitur actio si non inficientur ; nam inficiantibus auxilium divisionis non est indulgendum.* Le bénéfice de division, étant une faveur octroyée contre la rigueur du droit, ne pouvait être accordée à celui qui essayait ainsi de se délier de son obligation.

De même en cas de renonciation. Mais il faut remarquer que si les *mandatores* peuvent renoncer au bénéfice de

____

(1) M. Accarias, cours de Pandectes, 1878-1879.

division, il est nécessaire du moins qu'ils se soient expliqués à ce sujet. Les empereurs Sévère et Antonin consultés sur le sens de cette clause ajoutée à un cautionnement : *ut singuli in solidum tenerentur*, décident qu'elle ne contient pas une renonciation au bénéfice de division. La raison qu'ils donnent est celle-ci : si ce pacte n'avait pas été inséré, les cautions ne seraient-elles pas tenues de plein droit *in solidum ?* Il n'y a donc rien là d'assez énergique ni d'assez exprès pour s'écarter de la constitution d'Adrien et du droit ordinaire : *nihil mutat hæc res conditionem juris et constitutionem* (loi 3, Code *de Fidej.*).

Enfin le bénéfice de division est refusé à ceux qui ont promis accessoirement *rem pupilli salvam fore*. La faveur extrême dont jouissent à Rome les pupilles l'emporte ici sur le bénéfice accordé aux cautions. « Le pupille qui agit, dit Papinien dans loi 12, Dig., XLVI, vi, n'a pas contracté lui-même, il est tombé dans les mains d'un tuteur, il ne sait rien. » Ce serait lui faire une injustice que de le soumettre au bénéfice de division des actions ; il ne faut pas qu'une obligation dont la cause est unique soit dispersée dans plusieurs instances où peuvent s'élever des contestations nombreuses et variées.

Telles sont les règles du bénéfice de division, disons en terminant qu'elles sont communes à la fois aux *mandatores* et aux fidéjusseurs.

SECTION III

Effets du « mandatum » entre le « mandator » et le débiteur. — Bénéfice de cession d'actions.

Quand le *mandator* avait payé le créancier, comme, en définitive, ce payement tournait au profit du débiteur principal, il avait contre celui-ci un recours. Ce recours était exercé suivant les cas par l'*actio mandati contraria* ou par l'*actio negotiorum gestorum* également *contraria*, selon qu'il avait donné mandat au créancier sur l'ordre du débiteur principal ou sans son intervention. Bien souvent néanmoins le *mandator* qui ne s'engageait que pour rendre service à autrui devait être obligé de supporter en définitive tout le poids d'une dette qu'il n'avait eu aucun intérêt à contracter ; son action en recours n'étant que personnelle ne lui était en effet d'aucun secours s'il se trouvait en présence d'un débiteur insolvable. Il ne pouvait pas songer à exercer les droits réels tels que les gages et hypothèques qui pouvaient garantir la créance primitive : le payement avait éteint en même temps et le principal et les accessoires. D'autre part, il n'avait aucun moyen de forcer ses *co mandatores* à contribuer à la perte résultant de l'insolvabilité du débiteur.

La position du *mandator*, qui intervenait gratuitement et pour rendre service, était donc bien dure. Aussi quand les jurisconsultes eurent admis le bénéfice de cession d'actions au profit des *adpromissores*, il y avait tout à fait les mêmes raisons pour l'accorder aux *mandatores* ; les uns et les autres se trouvant aussi dignes de protection. L'application du bénéfice fut donc étendue aux *mandatores :* nous en avons la preuve dans la loi 13, Dig., XLVI, I : « Si *mandato meo Titio decem credideris et mecum mandati egeris, non liberabitur Titius, sed ego tibi non aliter condemnari debebo, quam si actiones, quas adversus Titium habes, mihi prœstiteris.* »

Mais le bénéfice de cession d'actions est soumis aussi à certaines conditions ; le *mandator* qui voulait obtenir du créancier cette cession devait : 1° lui offrir le payement in-

tégral de sa créance ; 2° requérir ladite cession ; 3° la requérir à temps. Reprenons ces trois conditions.

1re Condition. — Le *mandator* devait offrir le payement
intégral de sa créauce.

Le créancier ne pouvait être contraint de céder ses
actions, si on ne lui offrait pas le payement intégral de sa
créance (loi 17, Dig., XLVI, ɪ ; et loi 11, Code, VIII, xʟɪ).
Et cela s'explique aisément si l'on se rappelle le fondement
du bénéfice de cession d'actions. Ce bénéfice étant fondé
sur l'équité ne devait nuire en rien au créancier ; or le
créancier se serait trouvé en concours avec l'*intercessor*
qui n'aurait payé que la moitié de la dette pour obtenir la
cession ; et ce concours aurait pu amener des conflits. Mais
les Romains auraient parfaitement pu admettre la cession
d'actions au profit de celui qui ne payait qu'une part de la
dette s'ils avaient songé à la règle de notre article 1252
Code civil, d'après laquelle le créancier est préféré au
subrogé tant qu'il n'est pas entièrement désintéressé.

Le *mandator* ne pouvait donc jamais obtenir la cession
d'actions, en payant une somme inférieure au montant de la
dette. Mais l'obtenait-il toujours en payant la totalité de la
dette ? ou, au contraire, ne fallait-il pas quelquefois qu'il
payât et la dette dont il était tenu et aussi une dette dont
il n'était pas tenu ? En ce qui concerne les fidéjusseurs, la
question est résolue par la loi 2, Code, VIII, xʟɪ : l'hypothèse
prévue par cette loi est la suivante : Un créancier avait
reçu d'un fidéjusseur des gages et des hypothèques ; ces
mêmes gages et hypothèques avaient été engagés en outre
pour une autre dette du même débiteur envers le même
créancier. Les empereurs décidaient que, dans ce cas, le
fidéjusseur qui demandait la cession d'actions, devait payer
les deux dettes hypothécaires. La décision de ce texte bien

que rigoureuse pour le fidéjusseur, n'en était pas moins très logique. En effet, le bénéfice de cession d'actions avait été accordé aux fidéjusseurs pour sauvegarder ses intérêts, mais à la condition de ne pas porter atteinte aux droits du créancier, de ne les amoindrir en rien. Devons-nous décider de même à l'égard des *mandatores ?* Nous pensons qu'il faut se prononcer pour l'affirmative ; nous n'avons, il est vrai, aucun texte pour appuyer notre opinion ; mais nous nous inspirons uniquement de l'équité comme les empereurs s'en étaient inspirés dans la loi 2 ; le bénéfice de cession d'actions ne devait pas pouvoir nuire dans un cas au créancier et ne pas lui nuire dans l'autre.

2ᵉ Condition. — Le mandator devait requérir la cession.

A la différence de la subrogation, qui a lieu aujourd'hui de plein droit au profit de ceux qui, étant tenus avec d'autres ou pour d'autres en payement de la dette, avaient intérêt de l'acquitter, la cession d'actions n'avait jamais lieu de plein droit en droit romain. Le *mandator* qui voulait l'obtenir devait la requérir. Tous les textes qui nous parlent de la cession d'actions nous disent que le créancier ne pouvait pas la refuser. Or, si ces lois s'expriment ainsi, c'est qu'elles supposent que celui qui voulait l'obtenir l'avait demandée (lois 17 et 39, Dig., XLVI, ı ; — loi 76, Dig., XLVI, ııı ; — loi 11, Code, VIII, xlı).

3ᵉ Condition. — Le mandator devait requérir à temps cette cession.

Il pouvait, de son plein gré, offrir au créancier le payement de sa créance, ou bien attendre ses poursuites. Mais dans l'un et l'autre cas, suivant qu'il voulait faire valoir les actions du créancier contre le débiteur principal ou contre ses *comandatores,* la cession devait être demandée et au moins convenue, sinon réalisée, à tel ou tel moment. Étudions séparément ces deux cas :

A. — Supposons d'abord que l'offre et la demande ont eu lieu à l'amiable.

1er **Cas.** — Le *mandator* voulait faire valoir les actions du créancier contre le débiteur principal. En ce cas, il pouvait demander et obtenir la cession même après avoir payé le créancier. La loi 28, Dig., XVII, 1, le dit formellement, et en même temps que la décision qui y est contenue, ce texte nous en donne le motif. La cession d'actions était encore possible, parce que le *mandator* en payant n'avait pas libéré le débiteur. En effet, l'obligation du débiteur principal subsistait encore après le payement fait au créancier par le *mandator*. Il ne pouvait pas en être autrement. Les deux obligations qui naissaient au profit du mandataire étaient fondées, nous l'avons déjà dit, sur des causes distinctes; par suite, elles devaient avoir une existence distincte, indépendante; l'une pouvait donc s'éteindre, pendant que l'autre continuait de subsister. Bien que désintéressé par le *mandator*, le créancier avait donc toujours son action contre le débiteur; mais cette action était paralysée entre ses mains. En effet, il n'aurait pas pu l'intenter lui-même sans voir sa demande repoussée par l'exception de dol, car il ne fallait pas qu'il pût se faire payer deux fois la même chose, quand, en définitive, elle ne lui était due qu'une fois. C'est ce qui serait pourtant arrivé si le débiteur n'avait pas eu un moyen de défense à son service pour faire rejeter la prétention du demandeur. Il aurait été obligé dans ce cas de compter au créancier le montant de la dette après que le *mandator* lui avait déjà donné ce qui lui était dû.

L'action que conservait le créancier contre le débiteur ne lui était donc plus d'aucune utilité; le créancier devait donc la céder au *mandator* pour assurer son recours contre le débiteur. Le *mandator* pouvait intenter cette action contre l'emprunteur sans avoir à craindre de se voir opposer l'exception de dol, car il n'agissait pas de mauvaise foi. Si le créancier ne voulait pas consentir cette cession, le *mandator* avait l'action *mandati directa* pour l'y contraindre ; car, en acceptant le mandat, il s'était obligé à transférer à son mandant toutes les actions qui pouvaient naître de l'inexécution du mandat. A la différence de tous les autres débiteurs ayant le droit de se prévaloir du bénéfice de cession d'actions, les *mandatores* pouvaient donc demander cette cession par voie d'action. Il est vrai que, toutes les condamnations à Rome étant pécuniaires, les *mandatores* ne pouvaient jamais obtenir par cette voie la cession des actions elles-mêmes, si le créancier ne voulait pas les céder. Mais la crainte d'une condamnation devait souvent empê- cher le refus du créancier.

2ᵉ Cas. — Le *mandator* voulait faire valoir les actions du créancier contre ses *comandatores*. — La cession devait être demandée et au moins convenue avant le payement parce que le payement libérait tous les *mandatores*. Certainement il y avait autant de liens qu'il y a de *mandatores;* seulement l'obligation de l'un était la même que celle de l'autre. Toutes avaient le même objet: indemniser le mandataire ou créancier du préjudice que lui avait causé l'exécution du mandat. Or, dès qu'il y avait eu payement fait par l'un ou par l'autre des *mandatores*, ce mandataire était indemnisé; il ne pouvait plus rien exiger des autres, tous étaient libérés.

B. — Supposons maintenant que l'offre et la demande ont eu lieu en justice :

1ᵉʳ Cas. — Le *mandator* voulait faire valoir les actions du créancier contre le débiteur. — La cession alors pouvait être faite après la *litis contestatio* (loi 28, Code, VIII, XLI). Elle pouvait même être demandée et réalisée après la condamnation. Le *mandator* n'avait qu'à attendre que le créancier intentât l'action *judicati*, et alors il réclamait la cession d'actions au moyen d'une exception (l. 41, § 1, Dig. XLVI), 1. La cession d'actions pouvait avoir lieu au profit du *mandator* même après qu'il avait payé le créancier (l. 95, § 10, Dig., XLVI, III). A ce propos Papinien fait une comparaison très juste entre l'hypothèse d'un *mandator* et celle d'un pupille, de son débiteur et de son tuteur. Le tuteur qui n'a pas poursuivi en temps utile le débiteur de son pupille est responsable envers celui-ci du tort qu'il lui a causé par sa négligence; l'*actio tutelæ directa* que le pupille devenu pubère intente à cet effet contre le tuteur n'éteint pas l'action que le pupille a contre son débiteur, et réciproquement la poursuite qu'il aurait dirigée contre ce débiteur sans parvenir à s'en faire payer intégralement, n'anéantit pas les recours en garantie qu'il a contre son tuteur. Le tuteur qui paye soit avant d'être poursuivi, soit après avoir été actionné, même condamné, peut donc se faire céder par le ci-devant pupille son action contre le débiteur, et il peut, pour le contraindre à lui faire cette cession, intenter contre lui l'action *tutelæ contraria*.

La justesse de la comparaison posée par Papinien est évidente: le *mandator* et le tuteur sont l'un et l'autre responsables envers le créancier du non-recouvrement d'une dette dont le premier avait provoqué la formation, dont le deuxième a négligé la poursuite: tous deux en payant ou après avoir payé l'indemnité qu'ils doivent au créancier peuvent se faire céder par celui-ci ses actions contre le débiteur qu'ils n'ont pas libéré en payant eux-mêmes, car ils n'étaient pas tenus solidairement avec lui (1).

(1) Pellat, *Textes choisis*, p. 280.

2ᵉ Cas. — **Le** *mandator* voulait faire valoir les actions du créancier contre ses *comandatores*. — Le *mandator* pouvait demander et obtenir la cession d'actions tant qu'on se trouvait *in jure*. Si le créancier refusait de consentir cette cession et refusait sans raison, il ne pouvait pas obtenir du préteur la délivrance d'une formule.

Le *mandator* pouvait encore demander la cession d'actions quand on était arrivé devant le juge : si le créancier ne voulait pas consentir cette cession, le juge prononçait l'absolution du défendeur, car l'*exceptio doli mali* était toujours sous-entendue dans les actions de bonne foi.

Le *mandator* pouvait même obtenir la cession d'actions après avoir été condamné (loi 41, § 1, Dig., XLVI, iii); le *mandator* n exécutait pas la condamnation, et lorsque le créancier intentait contre lui l'action *judicati*, il lui demandait la cession de ses actions en opposant une exception à sa demande.

Dans tous les cas, la cession d'actions était possible, parce que la poursuite dirigée contre l'un des *mandatores*, même suivie de son absolution n'éteignait pas la dette à l'égard des autres. *Plures ejusdem pecuniæ credendæ mandatores si unus judicio eligatur, absolutione quoque secutan on liberantur, sed omnes liberantur pecunia soluta* (loi 52, §3, Dig , XLVI, i). Cette décision d'Ulpien n'est que l'application d'une règle générale : lorsque plusieurs débiteurs n'étaient tenus que d'une simple solidarité, la poursuite exercée contre l un d'eux ne libérait pas les autres. Il n'y avait que le payement qui pût procurer la libération de tous.

Le *mandator* qui avait payé la dette ne pouvait plus demander au créancier la cession de ses actions : *Omnes liberantur pecunia soluta* (loi 52, § 3, precitée). Toutefois si la cession, sans être faite, était au moins convenue au moment

du paiement, elle pouvait alors être consentie après le payement. On considérait la somme payée au créancier comme
le prix de la vente de ses actions contre les autres *mandatores*, et alors ceux-ci n'étaient pas libérés. La loi 76,
Dig , XLVI, III) fait de cette décision, qui découle des principes généraux, une application particulière à propos des
co-tuteurs, qui sont à cet égard dans une position analogue
à celle des *comandatores*. Il convient d'ajouter que les
empereurs Antonin et Caracalla avaient eu pitié du co-tu-
teur condamné qui paye sans réserve, et lui avaient concédé
une action utile, l'action *utilis tutelæ direct* contre ses
co-tuteurs (loi 1, § 13, Dig., XXVII, III). On a considéré, en
effet, qu'une omission de ce genre était plus facile de la part
d'un débiteur poursuivi que de la part de celui qui se présente spontanément pour éteindre la dette et qui est pré-
sumé avoir pensé aux conséquences de l'acte qu'il veut
faire.

Il y a raison d'analogie · pour accorder de même une
action utile aux autres co-débiteurs simplement solidaires
et par conséquent aux *comandatores* dans les mêmes circonstances (Arg., loi 4, Dig., *de his qui effud. vel de jec*). Cette
action utile n'est pas, comme l'ont pensé quelques jurisconsultes, une extension de l'action *negotiorum gestorum*; c'est
l'action même du créancier que l'on suppose passée sur la
tête de celui qui a payé en vertu d'une cession sous-entendue. S'il en était autrement, on ne s'expliquerait pas qu'il y
eût une différence entre le cas ou le tuteur ou le *mandator*
a payé spontanément et le cas où il n'a payé que contraint
et forcé : car dans l'une comme dans l'autre hypothèse, il
serait juste de dire qu'il a fait l'affaire de son co-débiteur.

Ayant ainsi énuméré les conditions auxquelles est soumis le bénéfice de cessions d'actions accordé au *mandator*,

voyons maintenant les principaux effets de cette cession et l'étendue de l'obligation du créancier envers le *mandator*.

Le créancier était donc obligé de céder ses actions, mais était-il tenu de les conserver pour les céder à celui qui lui offrirait son payement. S'agissait-il d'un fidéjusseur ? le créancier n'était pas tenu de lui conserver ses actions ; les principes et les textes le voulaient ainsi (loi 25, Code VIII, XLI, — loi 15, § 1 ; loi 62, Dig.. XLVI, 1). S'agissait-il au contraire d'un *mandator ?* le créancier était obligé de conserver ses actions, et s'il s'était mis par sa faute dans l'impossibilité de les céder, le *mandator* poursuivi était libéré. Papinien nous dit, en effet, dans la loi 95, § 11, *de Solut.* « *Si creditor a debitore culpa sua causa ceciderit, prope est, ut actione mandati nihil a mandatore consequi debeat ; cum ipsius vitio ceciderit, ne mandatori possit actionibus cedere* ». Cette différence s'explique aisément ; la fidéjussion était un contrat unilatéral et de droit strict par lequel le fidéjusseur seul s'engageait : le créancier ne contractait aucune obligation ; c'est pour cette raison qu'il ne pouvait pas être tenu de conserver ses actions. Le *mandatum* était un contrat synallagmatique et de bonne foi ; il produisait entre le mandataire et le *mandator* des obligations réciproques. Le mandataire devait rendre compte au *mandator* de tout ce qu'il avait retiré *ex causa mandati ;* le *mandator* devait indemniser son mandataire de tout le préjudice que lui avait causé l'exécution du mandat.

Nous avons ainsi constaté une des plus importantes différences entre la fidéjussion et le *mandatum,* à propos du bénéfice de cession d'actions ; nous pouvons, en terminant, nous demander quel intérêt peut avoir le *mandator* à invoquer le bénéfice de cession d'actions. En effet, dira-t-on, ne jouit-il pas du bénéfice de division et ne préfèrera-t-il pas s'en tenir à ce dernier et éviter une avance de fonds peut-être considérable ? Non, il n'en sera pas toujours ainsi. Supposons que le débiteur étant personnellement insolvable l'obligation se trouve garantie par une hypothèque suffisante : alors il serait évidemment de l'intérêt du *mandator* de payer toute la dette en invoquant le bénéfice de cession d'actions, car, subrogé dans l'hypothèque, il serait bien sûr de ne rien perdre, quand même la chose hypothéquée serait entre les mains d'un tiers détenteur, car il pourrait poursuivre cette chose même entre ses mains pour être payé sur le prix (loi 14, Code VIII, XLI).

De plus le *mandator* invoquant le bénéfice de division ne pourra diviser l'action qu'entre les *mandatores* solvables lors de la *litis contestatio*. Il devra donc supporter non seulement sa part, mais tout ou partie de la part des insolvables, tandis que la cession d'actions le mettra à même de demander plus tard à ceux-ci le payement de leur part, si leur position de fortune s'améliore.

CHAPITRE III

Extinction du « mandatum ».

L'obligation du *mandator* peut prendre fin, comme les autres *intercessiones*, de deux manières : soit directement par des modes à elle propres, soit indirectement par l'extinction de l'obligation du débiteur principal. Parmi les modes d'extinction, les uns opèrent *ipso jure* et peuvent être invoqués à une époque quelconque de la procédure, ils peuvent l'être pour la première fois devant le juge : les autres opèrent *exceptionis ope*, ils ne peuvent être invoqués devant le juge, et le juge ne peut en tenir compte qu'autant que le débiteur avait eu soin de faire insérer une exception dans la formule. Nous allons passer rapidement en vue chacun des principaux cas qui peuvent se présenter.

A. — MODES D'EXTINCTION « IPSO JURE »

1° *Payement.* — Fait par le débiteur principal, il éteint toujours *ipso jure* l'obligation du mandant (1); la dette de ce dernier a pris fin en même temps que l'engagement principal. *Bona fides non patitur ut idem bis exigatur* (§ 57, de *Regulis juris*).

Mais quand c'est le *mandator* qui a payé, la dette du dé-

(1) Ce point toutefois n'est pas admis par tous les auteurs. M. Molitor notamment émet une opinion contraire dans son *Traité des obligations en Droit romain*, tome II, p. 567.

biteur subsiste encore. Le *mandator* paye, en effet, en son propre nom, nous le savons : ce qu'il doit, ce n'est pas une somme prêtée ; il s'est seulement obligé à indemniser le créancier des suites du mandat qu'il a donné. Aussi le créancier conserve-t-il son action contre le débiteur principal ; seulement il doit la céder au *mandator* (loi 95, § 10, *de Solut.*)

2°. *Acceptilatio*. — Cette opération étant la fiction d'un payement doit produire les mêmes conséquences que le payement lui-même.

3° *Datio in solutum*. — Quand le débiteur principal, au lieu de donner au créancier ce qui faisait l'objet de sa dette, le désintéressait en lui donnant autre chose, il est évident que l'obligation du *mandator* prenait fin du même coup. Mais cette extinction était-elle définitive : si dans la suite le créancier se trouvait évincé de la chose par lui reçue en payement, les garanties de l'ancienne dette ne renaissaient-elles pas à son profit ? Nous avons sur ce point des textes qui paraissent se contredire.

D'après Ulpien, le créancier évincé aurait contre le débiteur, non pas son action première, qui reste définitivement éteinte, mais une action en garantie : *l'actio utilis ex empto* (loi 24, *de Pigner. act.*, Dig., XIII, VII). D'où il faut conclure que tous les accessoires de l'ancienne dette, gages, hypothèques, cautions, etc., avaient péri pour toujours avec elle (1).

D'un autre côté, Marcien enseigne (loi 46, pr., *de Solut.*) que le créancier peut se servir de nouveau de son action

____

(1) Un rescrit d'Antonin Caracalla, la loi 4 C. VIII, 45 contient la même solution.

primitive, qui reprend une nouvelle vie, et avec elle renaissent toutes les garanties qui l'entouraient(1).

Ces textes ont fait le tourment des commentateurs. Accurse et Cujas (2) en ont donné la conciliation suivante : d'après eux, Ulpien suppose que le créancier a reçu *rem pro pecunia*, opération pleine d'analogie avec une vente ; Marcien, au contraire, s'occupe du cas où le débiteur a payé *rem pro re*, ce qui ressemble à un contrat innommé. On voit tout de suite ainsi pour quels motifs les jurisconsultes avaient cru devoir donner au créancier évincé deux actions différentes. Cette explication vraiment ingénieuse ne cadre pas suffisamment avec un autre texte qui forme la loi 98, pr., *de Solut.* (3) D'après Pothier (4), le créancier aurait le choix entre les deux actions. Cette idée est peu admissible ; rien n'indique dans les lois que nous venons de citer que le créancier ait deux actions à sa disposition. Cela aurait été du reste, fort rigoureux pour le débiteur, qui aurait été à la discrétion du créancier, et peu conforme à l'intention présumée des parties.

Depuis la découverte des Commentaires de Gaius une nouvelle opinion s'est produite : au lieu de nier la divergence d'Ulpien et de Marcien, on a essayé de la rattacher à la controverse des Proculiens et des Sabiniens sur l'effet extinctif de la *datio in solutum.* D'après les Sabiniens, cette *datio* éteint la dette *ipso jure*, mais c'est à la condition

(1) On cite dans le même sens un fragmunt de Paul, la loi 98 pr. Dig. XLVI, 3.

(2) *Observ.* lib. XIX, cap. 38, et *Com. ad Cod. ad Leg.* IV. tit. de evict.

(3) Consulter sur ce point M. Labbé : *de la Garantie*, § 69 et suiv.

(4) Pothier, *Vente*, nos 603 et 604.

d'être translative de propriété ; sinon, il n'y a rien de fait.
De là, dit-on, la doctrine de Marcien. Au contraire, d'après
les Proculiens, la *datio in solutum* n'engendre qu'une exception, mais elle l'engendrerait toujours ; et de là, dit-on,
l'action *utilis empti* donnée au créancier par ceux qui ne
veulent pas que l'éviction l'autorise à reprendre son ancienne action. Cette explication ne nous paraît pas non
plus satisfaisante, car, ainsi que le fait remarquer M. Accarias, « elle revient à dire que les Proculiens donneraient
moins de force que les Sabiniens à la *datio in solutum* lorsqu'elle est translative de propriété, et lui en donneraient
davantage lorsqu'elle ne l'est pas. Voilà une première
bizarrerie ; en voici une seconde : les Proculiens n'admet-
taient pas qu'un prix de vente consistât jamais en autre
chose que de l'argent ; or tel est pourtant le résultat où
conduit la doctrine d'Ulpien, et on voudrait que ce fût là
une doctrine spécialement proculienne ! Cela est d'autant
plus difficile à accepter qu'Ulpien paraît avoir admis d'une
manière générale, à l'exemple des Sabiniens, que les obligations s'éteignent *ipso jure* par la *datio in solutum* (loi 26,
§ 4, *de Cond. ind.*, — loi 1, §5, *de Pec. const.*, XIII, v) (1)».
Nous aimons mieux, quant à nous, croire avec notre savant
maître, à l'indépendance respective des deux controverses.
La doctrine de Marcien nous paraît plus conforme à l'exactitude des principes ; et celle d'Ulpien nous paraît avoir
été déterminée par l'intérêt des tiers qui, voyant une *datio
in solutum* acceptée par le créancier, doivent naturellement
penser qu'il n'a pas agi à la légère et que toute sécurité
leur est désormais acquise.

4° *Novation*. — La novation portant sur l'obligation

(1) M. Accarias, *Précis de Droit romain*, tome II, p. 638.

principale éteint en même temps celle résultant du *man-datum*, (loi 4, Code VIII, xli). Le *mandator* a promis en vue de telle dette et non de telle autre ; il aura donc une excepion de dol pour repousser le créancier.

Si l'on suppose que le créancier fait une novation avec le *mandator*, il est à croire que le débiteur principal serait toujours tenu vis-à-vis du créancier et le *mandator* pourrait par suite se faire céder les actions contre le débiteur.

5 *Litis contestatio.* — Elle ne libère pas le mandant quand elle est faite avec le débiteur principal. Nous avons vu que cela tenait à la nature même du *mandatum pecuniæ credendæ*. La *litis contestatio* ne doit donc pas être assimilée ici à la novation. Ainsi le *mandator* ne pourrait pas repousser l'action du créancier sous le seul prétexte qu'il a déjà poursuivi le débiteur principal. Mais ne pourrait-il pas le repousser au moyen de l'exception *rei judicatæ*, en établissant que le débiteur n'a pas été seulement poursuivi, mais qu'il a été absous. Il ne le pourra pas davantage, toujours par ce motif qu'il y a ici des obligations distinctes qui ont uniquement ce point de contact qu'il suffit d'un payement pour les éteindre toutes. Nous avons à cet égard un texte positif, la loi 52 § 3, *de Fidej.*

6. *Confusion.* — La confusion peut se présenter dans diverses hypothèses, qu'il faut examiner séparément :

1re *hypothèse.* Le *mandator* succède à son *comandator-*
Ici les deux qualités subsistent, il n'y a aucune raison pour considérer comme éteinte l'une des deux obligations, et il peut y avoir intérêt pour le créancier à ce que toutes les deux existent. Ainsi l'un des deux a-t-il fourni un fidéjusseur, celui-ci reste tenu quel que soit celui des deux *mandatores* qui a hérité de l'autre (loi 21, § 1, Dig., XLVI, i.)

2e *hypothèse.* — Le *mandator* succède au créancier ou réciproquement :

Le mandat prend alors nécessairement fin, mais la dette principale subsiste à l'égard du débiteur qui devra la payer au *mandator* devenu son créancier.

3ᵉ *hypothèse*. — Le *mandator* succède au débiteur ou le débiteur au *mandator*. En ce cas encore, l'obligation du *mandator* n'a plus de raison d'être, elle s'éteint (loi 5, Dig., XLVI, 1). Une personne ne peut pas être obligée pour elle-même en qualité de caution. Toutefois cette règle souffre une exception : Il peut arriver, même en ce cas, que le créancier ne perde pas son action *mandati contraria*, si elle lui est plus avantageuse que l'action née de la dette principale. L'obligation née du mandat sera souvent surabondante, mais elle pourra aussi n'être pas complètement dénuée d'utilité. Par exemple, celui auquel une somme d'argent a été prêtée en vertu d'un mandat était un pupille, il n'était donc tenu que *naturaliter ;* le mandant hérite de ce pupille, il pourra toujours être poursuivi par l'action *mandati*.

L'intérêt pratique de l'absorption de l'obligation de la caution par l'obligation principale est évident ; Julien nous le montre (loi 14, Dig., XLVI, 1) ; les exceptions dont jouissait la caution ne pourront plus être utilement invoquées une fois la confusion opérée.

4° *hypothèse*. — Les deux qualités de créancier et de débiteur sont réunies sur la même tête.

Il est impossible que le *mandator* soit efficacement poursuivi, car, s'il était actionné, il se retournerait immédiatement contre le débiteur ; il est donc libéré. Nous avons, du reste, sur ce point, une loi célèbre (1) qu'il nous paraît intéressant d'analyser ici : Paul prévoit l'hypothèse sui-

______
(1) L. 71 Dig. XLVI, 1.

vante : Granius Antoninus donne mandat à Aurelius Palma
de prêter une somme d'argent à Julius Pollion et à Julius
Rufus, qui, en recevant cette somme se constituent *correi
debendi*. Les biens de l'un des deux Julius, de Pollion, par
exemple, sont dévolus au fisc ; les biens du créancier
Aurélius Palma lui sont pareillement dévolus. Voilà donc
le fisc devenu successeur universel tout à la fois du créancier et de l'un des débiteurs solidaires. De là une confusion
dans l'obligation, confusion qu'invoque le *mandator* Granius
Antoninus pour se prétendre libéré : sa prétention est-elle
fondée ? Pour résoudre cette question, Paul examine
d'abord ce qui arriverait s'il n'y avait qu'un débiteur : il ne
doute pas alors de la libération du *mandator*, pas plus qu'il
ne douterait de celle d'un fidéjusseur, parce que, dit-il, une
même personne ne peut être tenue *pro eodem erga eumdem*.
Mais quand il y a deux *rei* et que le créancier devient l'héritier unique de l'un d'eux, quel sera l'effet de cette
confusion? L'autre *reus* sera-t-il libéré comme s'il y avait
eu payement? ou bien la personne seulement de celui chez
qui la confusion s'est produite sera-t-elle soustraite à
l'obligation? Le *mandator* sera-t-il libéré? A cela Paul
répond : Julius Pollion n'est plus débiteur puisqu'il ne fait
plus qu'une seule personne avec le créancier : par conséquent Granius Antoninus, en tant qu'il était tenu accessoirement pour lui comme son *mandator*, est libéré, attendu
qu'il ne peut pas être obligé pour la personne morale du
fisc représentant le débiteur Pollion, envers la même personne représentant le créancier Aurelius Palma. Mais, d'un
autre côté, Julius Rufus reste débiteur, et, par conséquent
Granius Antoninus, en tant qu'obligé pour lui comme *mandator*, reste donc dans les liens de l'obligation. Mais si le
fisc, en qualité de successeur du créancier Aurelius Palma,

vient poursuivre Granius Antoninus par l'action *mandati
contraria*, celui-ci répondra : j'ai donné mandat à
Aurelius Palma de prêter de l'argent, parce que Pollion et
Rufus m'avaient donné mandat de leur en faire prêter. Si
donc je vous indemnisais de ce que vous a coûté l'exécution
du mandat que j'ai donné à Aurelius Palma, dont vous êtes
le successeur, vous devriez m'indemniser de ce que me
coûte l'exécution du mandat que m'a donné Julius Pollion,
dont vous êtes aussi le successeur ; le mandat donné par
Pollion et Rufus les constituant débiteurs solidaires de
l'indemnité, je puis m'adresser à vous, successeur de
Pollion, aussi bien qu'à Rufus, pour obtenir mon remboursement. Ce que je vous payerais par suite de l'*actio mandati
contraria* que vous intentez contre moi, vous me le rem-
bourseriez par suite de l'*actio mandati contraria* que j'in-
tenterais immédiatement contre vous. Je vous oppose donc
l'exception *doli*, car *dolo facit qui petit quod statim redditurus
est* (Paul, loi 8, pr., *de Doli mali et motus except*). Il
obtiendra ainsi la compensation et partant l'absolution de
la poursuite du fisc (1). Le fisc ne sera pas sans doute sans
droit contre le débiteur dont l'obligation n'est pas éteinte
par la confusion, il pourra agir contre lui *in solidum*, s'il
n'y avait pas société, ou *pro parte*, dans le cas contraire ;
c'est qu'à la différence du payement, la confusion retire seulement de l'obligation la personne dont la dette est con-
fondue ; les autres obligés restent soumis à l'obligation.

Supposons que la confusion vienne à être anéantie
rétroactivement ; par exemple, l'héritier du débiteur qui
est en même temps le créancier, se fait restituer *in integrum*

______

(1) Pellat, *textes choisis* p. 181. Consulter également sur ce point
l'étude de M. Labbé sur la *Confusion*, § 179 et suiv.

contre son acceptation, *quid?* En ce cas, l'ancienne créance renaît à son profit, et les cautions continuent à être tenues. Mais si la confusion ne cessait que par suite d'un fait nouveau, par exemple, la vente de l'hérédité faite par l'héritier à un tiers, il faudrait donner une solution inverse ; la convention par laquelle l'héritier fait cesser la confusion est pour les répondants *res inter alios facta* et ne peut les dépouiller d'un droit acquis.

7° *Perte de la chose due.* — La perte de la chose par cas fortuit éteint l'obligation quand il s'agit d'un corps certain. Mais *quid* si la chose périt *facto* ou *post moram debitoris?* le le *mandator* continue-t-il a être tenu? Évidemment oui; il a promis d'indemniser le mandataire, et ce n'est pas le mandataire qui doit supporter les conséquences d'un fait qu'il n'a pas commis. Bien entendu, si la chose a péri *facto* ou *post moram mandatoris*, le *mandator* reste tenu, car on a fini par admettre que le fidéjusseur lui-même reste dans les mêmes circonstances tenu en vertu de la *fidejussio* (1).

Mais remarquons que le plus souvent la question ne se posera pas, puisque le débiteur principal, en général, est un emprunteur, par conséquent débiteur d'une quantité.

B. — MODES D'EXTINCTION « EXCEPTIONIS OPE »

Les exceptions qui paralysent la poursuite et sont aussi un mode d'extinction des obligations peuvent naître *ex persona rei* ou *ex persona intercessoris*.

____

(1) Comp. sur ce point loi 19, *de Dolo malo* ; loi 32, § 2, *de Usuris* et loi 91, § 4, *de Verborum oblig* XLV, 1. — Consulter l'etude de M. Labbé sur l'*influence du fait ou de la demeure d'un débiteur sur le sort de ses codébiteurs*, § 13 et 14.

Disons de suite que les exceptions *ex persona intercessoris* ne profitent pas au débiteur principal. Ainsi le consentement du *mandator* est affecté d'un vice, le *reus* ne peut invoquer l'exception résultant de ce vice du consentement (loi 14, Dig.. IV, II). Quant aux exceptions *ex persona rei*, on peut dire qu'en général elles appartiennent aussi à la caution (§ 4, liv. ,IV tit. XIV, Inst.). Par exemple, l'exception *quod metus causa*, l'exception de dol passent du *reus* à la caution. De même l'exception résultant du pacte *de non petendo* : le mandant l'invoquera utilement, si ce pacte est *in rem ;* sinon celui-ci n'en profiterait pas, car il serait exposé au recours de ceux qui auraient été contraints de payer pour lui. Mais le mandant ne pourrait se prévaloir d'un pacte *in personam*.

De même encore l'exception *rei judicatæ* (loi 7, § 1, Dig., XLIV, I) : quand la chose était jugée en faveur du débiteur, le mandant pouvait certainement invoquer l'exception.

Mais que faut-il décider au cas où la chose avait été jugée *contre* le débiteur ? Nous pensons que le jugement n'était pas opposable au *mandator ;* c'était pour lui *res inter alios acta*.

De même enfin l'exception résultant de la compensation : quand la compensation était opposée par le débiteur principal, le créancier devait se tenir pour satisfait et n'avait plus rien à réclamer à personne. Mais le *mandator* n'aurait pu opposer au créancier la compensation de ce qui lui était dû par le débiteur principal sans que celui-ci eût consenti à s'en prévaloir. On ne connaissait pas en droit romain la compensation légale telle qu'elle a été organisée par notre Code civil.

Ainsi donc, en général, l'exception née *ex persona rei* profite à la caution ; mais il en est différemment en quelques cas :

l'exception *quod facere potest,* par exemple (loi 7, pr., Dig., XLIV, 1), l'exception *nisi bonis cesserit,* qui dénotent une idée de faveur personnelle accordée au *reus,* ne peuvent être invoquées par la caution. De même, l'*in integrum restitutio* du débiteur principal et nous trouvons ici encore une différence importante entre le *mandator* et les fidéjusseurs ou autres cautions. Quand il s'agit d'un fidéjusseur, les Romains distinguent : ou ce fidéjusseur s'est engagé ignorant que le débiteur principal était mineur de vingt-cinq ans ; alors, disent-ils, ce qu'il a entendu garantir, c'est le risque de l'insolvabilité du débiteur principal; au contraire, s'il savait que le débiteur était mineur de vingt-cinq ans, il a entendu garantir le créancier contre le risque de l'*in integrum restiutio.* Dans le premier cas, on l'admettra donc, lui aussi, à profiter de l'*in integrum restilutio*; dans le second cas, on ne l'admettra pas (loi 95, § 3, Dig., XLVI, III). Quand il s'agit d'un *mandator,* au contraire, le préteur, dit la loi 13, Dig., IV, IV, ne doit pas venir à son secours, car c'est lui qui a conseillé de traiter avec le débiteur, et il devait s'informer de l'état du mineur avec lequel il invitait à traiter.

APPENDICE

Après avoir examiné les développements que prit à Rome
le contrat de cautionnement et les diverses formes qu'il y
affecta, nous avons étudié spécialemert le *mandatum pecuniæ credendæ*. Il ne sera pas inutile, en terminant, pensons-
nous, de comparer entre elles les trois formes de cautionnement qui subsistent dans le dernier état du droit romain.

1° COMPARAISON ENTRE LE « MANDATUM » ET LA « FIDEJUSSIO »

Le *mandatum pecuniæ credendæ*, nous l'avons vu, présente de nombreuses ressemblances avec la fidéjussion.

L'un et l'autre sont des modes de cautionnement;

L'obligation du mandant, comme celle du fidéjusseur
s'éteint avec l'obligation principale;

Le créancier peut, en principe, agir à son choix contre
le mandant ou le fidéjusseur ou contre le débiteur principal;

Les *mandatores*, s'il y en a plusieurs, sont tenus solidairement, comme les fidéjusseurs (loi 3, Code, IV, xviii);

Ils peuvent, d'autre part, profiter des bénéfices accordés
à ces derniers;

Enfin aux deux cas on fait l'application du sénatus-consulte Velléien.

Mais il existe, nous l'avons vu également, des différences
très importantes entre le *mandatum* et la *fidejussio;* résu-
mons-les.

1° Tandis que le fidéjusseur se contente d'accéder à une

obligation dont il n'a pas pris l'initiative, c'est, en général, le *mandator pecuniæ credendæ* qui pousse son mandataire à devenir créancier, c'est lui qu'indique le débiteur, c'est lui qui détermine la nature et les conditions du contrat à faire.

2° La fidéjussion est donc toujours postérieure ou du moins concomitante à l'obligation principale ; le *mandatum pecuniæ credendæ* doit nécessairement lui être antérieur (1).

3° L'obligation du *mandator* n'a pas, comme la fidéjussion, même objet que l'obligation principale. En effet, tandis que cette dernière porte sur une somme prêtée, sur un prix de vente, ou sur toute autre chose, le *mandator*, lui, ne s'oblige qu'à indemniser le mandataire du préjudice résultant de l'exécution du mandat.

4° Tandis que la fidéjussion se fŏrme *verbis*, le *mandatum* se contracte sans aucune espèce de solennités, et par cela même il est d'une application non seulement plus facile, mais plus générale, comme étant à la portée des muets, des sourds et des absents.

5° La fidéjussion est unilatérale et de droit strict ; le *mandatum* est synallagmatique et de bonne foi.

6° Le *mandator*, mieux traité en cela que le fidéjusseur, n'est pas tenu de se contenter des actions qui restent au mandataire ; celui-ci lui doit compte de toutes celles qu'il a perdues par sa volonté ou par sa faute (loi 95, § 11, XLVI, iii).

7° Le *mandator* ne peut opposer au créancier toutes les exceptions que pourrait lui opposer le fidéjusseur.

8° Le jugement absolutoire obtenu par l'un des fidéjus-

(1) Voir toutefois loi 12, § 14, *Mandati*.

seurs peut être invoqué par les autres. Il en est autrement du jugement absolutoire obtenu par l'un des mandataires.

2° COMPARAISON ENTRE LE « MANDATUM » ET LE PACTE DE CONSTITUT

Ressemblances. — 1° Le constitut est un simple pacte qui, de même que le *mandatum*, peut être fait même *inter absentes, per epistolam.*

2° La *litis contestatio* avec le constituant ne libérait pas le débiteur principal et *vice versa* : il en est de même quand il s'agit d'un *mandator*.

3° Comme le *mandator*, le constituant pouvait encore obtenir la cession d'actions du créancier après la *litis contestatio.*

Différences. — 1° Le *mandatum pecuniæ credendæ* donnait naissance à l'*actio mandati directa* et à l'*actio mandati contraria*; le constitut n'engendrait qu'une seule action, l'*actio constitutoria.*

2° Le *mandatum* devait précéder l'obligation principale, sauf au cas où il était donné pour obtenir des délais du créancier d'une dette antérieure ; le constitut la suivait.

3° On donnait difficilement au *mandator* certaines exceptions que pouvait invoquer le débiteur principal : par exemple, celle tirée de la minorité de celui-ci. Cette difficulté ne se produisait pas à l'encontre du constituant.

4° Le créancier était tenu de conserver ses droits et actions intacts pour les céder au *mandator;* il n'y était pas tenu envers le constituant.

DROIT FRANÇAIS

DES NULLITÉS ET DÉCHÉANCES

EN MATIÈRE DE BREVETS D'INVENTION

INTRODUCTION

La loi française, comme la plupart des législations étrangères, confère à l'inventeur le droit d'exploiter son invention, à l'exclusion de tous autres et d'en retirer tous les
bénéfices qu'elle comporte pendant un certain temps déterminé, qui chez nous ne peut excéder quinze ans.

Pendant longtemps les inventeurs furent sans protection, et si nous nous reportons à l'histoire de l'industrie
dans les derniers siècles, nous voyons qu'ils ont eu bien
souvent à lutter contre des difficultés presque insurmon-
tables.

Dans presque toutes les villes de France, l'exercice des
différents arts et métiers était concentré dans les mains
d'un petit nombre de maitres réunis en communauté, qui
pouvaient seuls à l'exclusion de tous les autres citoyens,
fabriquer ou vendre les objets de commerce particulier
dont ils avaient le monopole exclusif, en sorte que ceux
qui, par goût ou par nécessité, se destinaient à l'exercice
des arts et métiers ne pouvaient y parvenir qu'en acqué-
rant la maîtrise, à laquelle ils n'étaient reçus qu'après des
épreuves aussi longues que superflues, et après avoir
satisfait à des droits ou à des exactions multipliés par lesquels une partie des fonds dont ils auraient eu besoin pour
monter leur atelier ou même pour subsister se trouvait
consommée en pure perte (1). Avec une organisation sem-

(1) Préambule de l'édit de février 1776, portant suppression des
jurandes et maitrises.

blable, il aurait été cependant possible à un inventeur de se faire jour, mais il y avait d'autres obstacles, qu'il était plus difficile de renverser : les diverses professions industrielles faisaient l'objet de classifications officielles, et chaque corporation ne pouvait se mouvoir que dans les limites étroites de la profession qui lui était assignée.

Il est facile de concevoir quels empêchements cette division arbitraire mettait à l'essor des inventions qui empruntaient leurs éléments à divers corps de métiers. On a bien souvent rappelé, entre autres exemples, les luttes qu'Argand, l'inventeur de la lampe à double courant d'air, eut à soutenir contre les lampistes, les chaudronniers et les serruriers !

D'autre part, ce qui contrariait surtout l'esprit d'invention, c'étaient les règlements de métier. Ces règlements, dont les plus importants sont dus à Colbert, contenaient la description exacte des meilleurs procédés de fabrication alors connus. Ils avaient été introduits dans un but assurément très louable, qui était de protéger les consommateurs contre la fraude des fabricants ; mais ils devaient produire des effets désastreux, car ils ne tenaient point compte des progrès qui chaque jour sont réalisés dans le domaine de l'industrie ; aussi le génie de l'invention ne pouvait vivre dans cette atmosphère de règlements où chacune de ses découvertes constituait une contravention.

En présence de ces entraves, beaucoup d'inventeurs portèrent à l'étranger le résultat de leurs découvertes. M. de Boufflers, dans son rapport à l'Assemblée constituante sur la loi de 1791, cite de nombreux exemples : « Le moulin à papier et à cylindre, inventé en France en 1630, fut porté en Hollande et n'est revenu que depuis peu dans sa véri-

table patrie ; le métier à bas fut d'abord inventé à Nîmes :
l'inventeur, contrarié en France, passa en Angleterre, où il
fut magnifiquement récompensé..... »

Les inventeurs cependant n'étaient pas absolument aban-
donnés, et ils trouvaient quelquefois un refuge contre les
règlements et les réclamations de corps de métiers dans les
privilèges qui étaient accordés par le roi ; mais tout dans
les privilèges était variable et dépendait du bon plaisir :
les motifs de leur octroi, leur durée, leurs clauses et conditions, leur sanction pénale ; chacun d'eux était une loi à
part, indépendante de toute loi générale ; le pouvoir de qui ils
émanaient les étendait on les resserrait à son gré ; il n'existait en cette matière ni droit commun ni règle fixe. Dans
la plupart des cas, ces privilèges étaient perpétuels et con-
stituaient ainsi plutôt une propriété patrimoniale qu'une
récompense ; d'autre part le concessionnaire pouvait ne
pas exploiter son invention, au grand préjudice du public,
privé à la fois du bénéfice de cette invention et du droit de
l'exploiter.

Une déclaration du 24 novembre 1762 vint remédier sur
certains points à cette situation fâcheuse : la durée des
privilèges qui avaient été ou seraient délivrés postérieurement pour un temps indéterminé, fut limitée à quinze
ans, et le défaut d'exploitation du privilège pendant une
année en entraînait la déchéance. Il restait cependant
beaucoup à faire, et notamment la déclaration était muette
sur le mode de concession des privilèges ; sur ce point, par
conséquent, l'arbitraire régnait toujours et les inventeurs
ne pouvaient s'appuyer sur aucune disposition légale pour
faire reconnaître leur droit.

L'Assemblée constituante, en supprimant les jurandes et
les maîtrises, proclama bien la liberté du commerce et de

l'ndustrie; mais cette liberté, loin de protéger les inventeurs, sacrifiait leurs intérêts à ceux de la société. Aussi bien des réclamations se produisirent de toute part, afin d'obtenir pour les inventions industrielles une place suffisante dans la législation, et on demandait l'introduction en France du système anglais. C'est en Angleterre, en effet, que l'on trouve les premières traces d'une législation sur les brevets d'invention: en 1623, lorsque Jacques 1er abolit tous les monopoles qui entravaient alors la liberté industrielle, ce monarque comprit la nécessité d'admettre une exception en faveur des auteurs de procédés et de produits nouveaux, auxquels il accorda le droit d'obtenir des privilèges de quatorze ans portant le nom de patentes d'invention.

La loi du 5 janvier 1791, complétée par celle du 25 mai de la même année, vint faire droit aux justes réclamations de l'industrie française, en consacrant le principe du bill de 1623. Cette loi vint réglementer les rapports qui devaient s'établir entre la société et l'auteur de la découverte; elle faisait plus encore, elle déterminait la nature du droit de l'inventeur, qu'elle considérait comme un véritable droit de propriété : toutefois, comme la loi anglaise, elle n'accordait la jouissance exclusive de l'invention que pour un temps limité : c'était reculer devant les conséquences du principe proclamé, mais il était bien impossible de donner à l'inventeur un droit perpétuel sous peine de voir se reformer les entraves dans lesquelles l'industrie était emprisonnée sous le système des jurandes et des maîtrises. Dans l'ancien droit, la concurrence existait au moins au sein de la corporation; avec le système de la perpétuité, l'inventeur privilégié aurait eu seul le bénéfice de son invention ; la société n'en eût pas profité. Or le but que l'on se proposait n'était pas seulement d'encourager les découvertes utiles et de les multiplier, mais avant tout de faire profiter la société de ces inventions.

Malgré ses imperfections et ses lacunes, la loi de 1791 fut un grand bienfait pour le commerce et l'industrie. La loi du 5 juillet 1844 ne fit que s'inspirer de ses principales dispositions; elle coordonna dans une législation précise les principes vagues et parfois incohérents de la loi de 1791, en introduisant dans le régime de la propriété industrielle les perfectionnements réclamés par l'expérience. Mais la pensée qui a présidé à la rédaction des deux lois est bien différente: en 1791 on avait déclaré sans hésitation et presque d'enthousiasme que le droit de l'inventeur est un droit de propriété; en 1844 le législateur a cru plus prudent de laisser cette question dans l'ombre et de ne pas la résoudre; il s'est borné, laissant de côté la qualification théorique du droit, à réglementer son étendue et ses conditions de validité.

En cette matière, deux intérêts rivaux se trouvent en présence : l'intérêt de l'inventeur à exploiter en toute sécurité, l'intérêt de la société à connaître l'invention. Comment concilier ces deux intérêts? Partant de cette idée que toute découverte utile est, suivant l'expression de Kant, la prestation d'un service rendu à la société et qu'il est juste que le service soit rémunéré par la société qui le reçoit, on a imaginé de faire intervenir une sorte de contrat entre le public et l'inventeur. Ce contrat se forme toutes les fois qu'un inventeur l'accepte en se conformant aux prescriptions édictées par la loi. En retour de la divulgation qu'il fait de son secret, l'inventeur acquiert le droit exclusif d'exploiter la découverte à son profit pendant un temps limité. Ce droit est constaté par un titre que l'on appelle brevet d'invention. Ce n'est que par l'obtention de ce titre que le droit d'exploitation exclusive s'impose au public et se trouve placé sous la sauvegarde de la loi, qui le sanctionne, en donnant à l'inventeur le droit de poursuivre toute exploitation qu'il n'a pas autorisée et d'obtenir la réparation du préjudice que lui cause cette exploitation illicite.

Le contrat qui se forme entre l'inventeur et le public présente ces deux caractères particuliers que, d'une part, l'inventeur doit l'accepter tel quel, sans pouvoir en modifier les conditions, et, d'autre part, que la société, en conférant le droit exclusif d'exploitation, ne garantit pas à l'inventeur un droit qui soit à l'abri des contestations. L'administration en délivrant le brevet n'examine pas si l'invention est vraiment nouvelle et sérieuse ; le brevet ne constate que la prise de possession de la qualité d'inventeur.

On comprend que cette absence de moyens préventifs laisserait le public exposé à toutes les surprises, si les intéressés ne pouvaient contester la validité du droit de l'inventeur : le public qui doit supporter le poids du brevet, doit donc être admis à prouver que le privilège que le brevet constate est sans fondement et obtenir que l'industrie soit affranchie du monopole qui entrave son libre développement.

Aussi le législateur, après avoir déterminé les conditions desquelles dépend l'existence ou la conservation du brevet, devait-il accorder à tous ceux qui y ont intérêt le droit d'attaquer le titre lorsque ces conditions de validité ne sont pas remplies. De là, les dispositions des articles 31 et 32 (ce dernier modifié par la loi du 31 mai 1856), qui énumèrent les causes de nullité ou de déchéance du brevet, correspondant ainsi aux conditions de validité et de conservation du titre. La réglementation précise du droit d'attaquer le brevet empêche que son exercice ne devienne l'occasion de procès incessants qui entraveraient l'exploitation de la découverte.

Le titre iv de la loi du 5 juillet 1844, qui fera l'objet de cette étude, est sans contredit le plus important, puisqu'il renferme la sanction énergique des conditions d'existence du brevet et fixe d'une manière précise les cas dans lesquels le droit de l'inventeur s'impose au respect de tous. Cette sanction se rattache à deux causes qui peuvent influer sur l'existence du brevet : ce sont la nullité et la déchéance. La loi de 1844 a eu soin de séparer ces deux causes, s'écartant en ce point des errements de la loi de 1791, qui les avaient confondues. Il importe donc de bien faire cette distinction.

Dabord, la nature des causes de nullité et la nature des causes de déchéance ne sont pas identiques. — Les nullités ont leur cause dans des vices qui entachent le brevet dès le moment de sa délivrance; au contraire, les déchéances proviennent de causes qui ne se produisent que postérieurement à la délivrance des brevets ; elles tiennent en général à un fait du breveté, à l'inexécution de ses obligations. A ce point de vue nous rencontrons ici entre les nullités et les déchéances des brevets une différence analogue à celle qui existe entre la nullité et la résolution des contrats.

En second lieu, les nullités et déchéances n'ont pas les mêmes effets. — Sans doute, quant à l'avenir, les effets sont les mêmes; mais quant au passé il en est différemment : la nullité procédant toujours d'une cause qui existait lors de la demande, le brevet, par suite du jugement, est réputé n'avoir jamais existé. La déchéance, au contraire, provenant d'un fait qui s'est produit postérieurement à la délivrance du brevet et l'effet du jugement prononçant la déchéance ne remontant qu'à la date où ce fait s'est produit, le brevet jusqu'à cette date a légalement existé et a conservé toute son efficacité. Quand nous nous occuperons spécialement des effets des jugements prononçant la nullité ou la déchéance, nous aurons à voir quel est l'intérêt pratique de cette différence.

Une autre différence existe encore entre la nullité et la déchéance. La déchéance provenant de l'inexécution d'une charge du contrat fait disparaître le brevet dans l'avenir d'une manière absolue, et quelque divers que puissent être les éléments dont il se compose. La nullité, au contraire, peut n'affecter qu'un seul ou plusieurs éléments et laisser le brevet valable pour tous les autres. On peut concevoir, par exemple, que l'invention ait pour objet plusieurs combinaisons parfaitement distinctes, dont les unes appartiennent en propre à l'inventeur et dont les autres sont empruntées au domaine public. Il est logique dans ce cas que le brevet puisse être annulé pour la partie seulement qui n'est pas nouvelle. C'est ce qui a été constamment décidé par la jurisprudence (voir not. Cass., 4 juillet 1870, *Ann. de la propr. ind.* 1870, 254). Dans l'espèce de cet arrêt le brevet pris pour un produit connu et pour un procédé nouveau fut seulement déclaré valable en ce qui concernait le procédé.

Un auteur enseigne toutefois qu'on ne peut demander la nullité partielle d'un brevet. D'après M. Blanc, le brevet forme un tout indivisible qui ne peut être apprécié que dans un ensemble ; cependant le juge saisi d'une question de contrefaçon partielle, peut distinguer ce qui appartient

en propre à l'inventeur et ce qui est emprunté au domaine
public. « Quand le juge, dit M. Blanc, décide que tel élément employé par le prévenu appartient au domaine public, il n'annule pas pour cela le brevet partiellement, il
limite seulement les droits de jouissance exclusive, que le
breveté a pu revendiquer dans l'action en contrefaçon. Le
brevet reste d'ailleurs valable dans son ensemble (1). » Il
nous semble que ce raisonnement est bien subtil. Si un
fabricant craint d'être exposé à une poursuite en contrefaçon partielle, il doit avoir le droit de demander la limita-
tion du brevet. Pourquoi le forcer à attendre que la poursuite soit intentée contre lui ? c'est entraver sa fabrication
et l'empêcher de commencer son entreprise en toute sécurité. Ne vaut-il pas mieux que cet industriel fasse statuer
sur son droit avant de se livrer à l'exploitation ?

Mais s'il existe d'aussi notables différences entre les nullités et les déchéances, il y a également entre elles plusieurs points communs.

1° La nullité ou la déchéance, dans les différents cas
prévus par la loi, peuvent être absolues ou relatives. Toutefois, ces expressions ont dans la matière des brevets une
signification toute particulière. En droit commun, une nullité est dite absolue quand elle peut être invoquée par
toutes les personnes qui y ont intérèt; relative, quand elle
ne peut être demandée que par certaines personnes que la
loi détermine. La loi de 1844 a entendu les mots « absolues
ou relatives » dans un tout autre sens. Il ne faut nullement
s'attacher à la cause de la nullité ou de la déchéance pour
savoir s'il y a nullité absolue ou simplement relative ;
toute cause d'infirmation du brevet peut être tantôt rela-

(1) M. Blanc, p. 581.

tive, tantôt absolue. La différence tient seulement à l'effet
absolu ou relatif du jugement, qui prononce la nullité ou
la déchéance. Nous verrons que la loi de 1844 a conféré au
ministère public, le droit d'intenter l'action pour certaines
causes de nullité, et le droit d'intervention dans tous les
cas de nullité ou de déchéance. Lorsque, sur la requête du
ministère public, un jugement intervient qui prononce la
nullité du brevet, la sentence produit à l'égard de tous
des effets absolus et complets. Lors, au contraire, que le
ministère public s'est abstenu de prendre une part active
dans l'instance et que le breveté perd le procès, la nullité
ou la déchéance ne sont établies conformément au droit
commun qu'à l'égard des parties liées au procès. Dans le
premier cas, la nullité est dite absolue ; dans l'autre, elle
est relative. Nous reviendrons d'ailleurs sur ce point
quand nous nous occuperons du rôle du ministère public
dans la matière des brevets.

2° C'est toujours aux tribunaux, jamais à l'administration, qu'il appartient de prononcer la nullité ou la
déchéance. — Nous verrons plus loin que le breveté est
déchu quand il ne paye pas les annuités : or l'article 4 de la
loi du 25 mai 1791 disait : « Si la soumission du breveté n'est
point remplie au terme prescrit, le brevet qui lui sera
délivré sera de nul effet, l'exercice de son droit deviendra libre et il en sera donné avis à tous les départements
par le directoire des brevets d'invention. » De cette disposition on concluait que l'administration était seule compétente pour prononcer la déchéance fondée sur le défaut de
payement de la taxe, que dès lors elle pouvait relever le
breveté des conséquences de son retard et lui accorder
toutes facilités pour s'acquitter envers le trésor et que les
tiers ne pouvaient opposer ce moyen au breveté.

Aujourd'hui le rôle de l'administration en matière de brevets se borne et se borne uniquement à la délivrance du titre. Une fois le titre délivré, il échappe à tout contrôle, à toute censure de la part de l'administration. En conséquence, alors même que le breveté n'aurait pas acquitté régulièrement ses annuités, la déchéance ne saurait être administrativement prononcée (Conseil d'État, 27 mai 1848; Sir., 1848, 2, 567). M. Blanc (1) est le seul auteur à notre connaissance qui conteste et repousse cette conséquence. Nous aurons à nous demander, quand nous nous occuperons de la compétence des tribunaux en cette matière, si les arguments indiqués à l'appui de son système sont bien concluants.

3° Les nullités, de même que les déchéances, peuvent être invoquées de deux manières : par voie d'action, et par voie d'exception.

Par voie d'action : il se peut qu'un tiers intéressé ne veuille pas imiter des objets brevetés, de crainte d'être poursuivi comme contrefacteur ; il prendra alors les devants et invoquera la nullité ou déchéance par voie d'action.

Par voie d'exception : si un industriel est convaincu que tel brevet est nul et s'il a réuni des preuves qui démontreront péremptoirement que la nullité existe, au lieu d'agir directement, il peut exploiter, et le jour où le breveté l'attaquera, il opposera l'exception de nullité.

Mais remarquons que peu importe la voie suivie, c'est toujours au tiers qu'incombe le fardeau de la preuve. Le breveté n'a qu'à présenter son titre, et bien que ce titre ait été délivré sans examen préalable, respect lui est dû. Si donc les tiers prétendent qu'avant la demande du brevet

(1) M. Blanc, p. 593.

l'invention était tombée dans le domaine public, c'est à eux à démontrer la vérité de leur allégation, et, si cette preuve n'est pas complète, le breveté conservera la jouissance exclusive de son exploitation: il a donc les avantages précieux de la possession.

Ceci dit, nous nous proposons d'étudier le titre IV de la loi de 1844 en suivant l'ordre même tracé par le législateur. Dans une première partie, nous parcourrons successivement les différentes causes de nullité et les causes de déchéance, et dans une seconde partie nous passerons à l'examen de la section deuxième de ce titre, relative aux actions en nullité et en déchéance.

PREMIÈRE PARTIE

DES CAUSES DE NULLITÉ ET DE DÉCHÉANCE

Nous avons précédemment indiqué les différences qui séparent la nullité de la déchéance ; nous allons maintenant parcouir successivement les diverses causes qui peuvent influer sur l'existence du brevet. Les causes de nullité notamment sont assez nombreuse dans notre législation ; cela ne doit pas étonner puisque la délivrance des brevets est faite sans examen préalable. On comprend donc que toute personne intéressée puisse contester l'existence du titre ou prétendre que ce titre a perdu sa valeur par suite de circonstances ultérieures.

L'article 30 indique les différents cas dans lesquels l'action en nullité peut être intentée, et l'article 32 énumère les causes de déchéance.

L'article 30 est ainsi conçu : « Seront nuls et de nul effet les brevets délivrés dans les cas suivants, savoir : 1° si la découverte, invention ou application n'est pas nouvelle ;

« 2° Si la découverte, invention ou application n'est pas, aux termes de l'article 3, susceptible d'être brevetée ;

« 3° Si les brevets portent sur des principes, méthodes, systèmes, découvertes et conceptions théoriques ou purement scientifiques dont on n'a pas indiqué les applications purement industrielles ;

« 4° Si la découverte, invention ou application est reconnue contraire à l'ordre ou à la sûreté publique, aux bonnes mœurs ou aux lois, sans préjudice, dans ce cas et dans celui du chapitre précédent, des peines qui pourraient être encourues pour la fabrication ou le débit d'objets prohibés ;

« 5° Si le titre sous lequel le brevet a été demandé indique frauduleusement un objet autre que le véritable objet de l'invention ;

« 6° Si la description jointe au brevet n'est pas suffisante pour l'exécution de l'invention ou si elle n'indique pas d'une manière complète et loyale les véritables moyens de l'inventeur.

« 7° Si le brevet a été pris contrairement aux dispositions de l'article 18.

« Seront également nuls et de nul effet les certificats comprenant les changements, perfectionnements ou additions qui ne se rattacheraient pas au brevet principal. »

Quant à l'article 32, il est conçu en ces termes : « Sera déchu de tous ses droits : 1° le breveté qui n'aura pas acquitté son annuité avant le commencement de chacune des années de la durée de son brevet ;

« 2° Le breveté qui n'aura pas mis en exploitation sa découverte ou invention en France dans le délai de deux ans à dater du jour de la signature du brevet, ou qui aura cessé de l'exploiter pendant deux années consécutives, à moins que dans l'un ou dans l'autre cas il ne justifie des causes de son inaction ;

« 3° Le breveté qui aura introduit en France des objets fabriqués en pays étranger et semblables à ceux qui sont garantis par son brevet.

« Sont exceptés des dispositions du précédent paragraphe les modèles de machines dont le ministre de l'Agriculture et du Commerce pourra autoriser l'introduction dans le cas prévu par l'article 29. » Cette dernière disposition a été modifiée, comme nous le verrons, par une loi du 31 mai 1856.

Les causes de nullité ou de déchéance que nous venons d'énumérer sont-elles les seules ? ou doit-on admettre d'autres causes sur lesquelles on puisse fonder l'infirmation du brevet ?

On peut supposer d'abord que la demande formée est irrégulière et que l'administration a néanmoins accordé le brevet. Il faut sans hésitation décider que ces irrégularités de forme sont en principe couvertes par la délivrance du brevet et que la nullité ne peut, de ce chef, être demandée que si la loi a expressément prévu certains vices dont l'existence devait entraîner la nullité. Ce principe est admis par tous les auteurs ; on comprend, en effet, que, quelle que soit l'importance du vice relevé, il soit impossible de suppléer au silence de la loi en créant, en cette matière, des nullités virtuelles.

Une controverse s'est élevée cependant dans une hypothèse spéciale, que nous devons examiner. Supposons qu'une demande de brevet s'applique à plusieurs objets principaux entièrement distincts les uns des autres. L'administration a certainement le droit de rejeter cette demande complexe ; mais si elle a, par mégarde, délivré le brevet, ce brevet est-il entaché de déchéance ou de nullité ? Quelques auteurs ont soutenu que le brevet complexe est frappé de déchéance. « Tout brevet, dit M. Blanc (n° 551), est astreint au payement d'une taxe ; à défaut de payement, il est frappé de déchéance. D'un autre côté, un brevet ne doit contenir qu'un objet principal. Donc un brevet qui contient plusieurs objets principaux forme en réalité plusieurs brevets, qui sont frappés de déchéance pour défaut de payement d'une taxe. » Ce raisonnement ne nous semble pas probant ; tout au plus devrait-il conduire à faire prononcer la déchéance partielle, car la taxe étant payée une fois, l'un des objets brevetés à été valablement conservé. Mais comment déterminer celui de plusieurs objets qui sera maintenu ? pourquoi l'un plutôt que l'autre serait-il frappé de déchéance ?

Cette difficulté conduit d'autres auteurs, notamment M. Bédarride (1), à annuler le brevet pour le tout. « Dans notre hypothèse, dit-il, on pourrait dire qu'il n'existe pas en réalité de brevet. En effet, puisque celui-ci ne peut avoir qu'un objet, auquel s'appliquera-t-il s'il existe plusieurs objets principaux ? Pourquoi à celui-ci plutôt qu'à celui-là? Dans le doute la liberté du travail doit triompher. » « La raison de décider en ce sens, dit encore M. Bédarride, c'est que les brevets constituent un privilège, et que les privilèges ne sont acquis que dans les cas et aux conditions expressément prévues. »

Tous ces systèmes sont entachés du même vice, qui doit les faire rejeter également. Les articles 30 et 32 énumèrent restrictivement les causes de nullité ou de déchéance qui peuvent frapper un brevet ; or le vice de complexité n'est pas prévu par la loi : il ne peut donc être permis aux tribunaux d'infirmer le brevet en pareil cas ; au surplus la loi a pris soin expressément d'indiquer la sanction qui doit être appliquée à cette hypothèse, car l'article 12 prévoyant les cas d'une demande dans laquelle n'auraient pas été observées les formalités prescrites par les articles 5 et 6, autorise le ministre à rejeter la demande : voilà la seule sanction établie. Le brevet une fois délivré est donc réputé l'avoir été conformément à la loi : les vices qui entachaient la demande sont couverts par le fait seul de la

(1) M. Bédarride, n° 147.

délivrance. C'est en ce sens que la question fut résolue par le rapporteur lors de la discussion de la loi. La jurisprudence s'est rangée également à ce système (Cass., 4 mars 1856, *Ann. de la propr. ind.*, 1856, p. 76. — Paris, 25 fév. 1864, *Ann.*, 1865, 402).

Nous pensons de même que l'incapacité de l'inventeur, de quelque cause qu'elle émane, est sans influence sur la validité du brevet. Tout d'abord la délivrance devant être faite sans examen préalable, l'administration ne peut la refuser si la demande est régulière, et, d'un autre côté, le brevet une fois délivré ne saurait être annulé pour incapacité, puisque la loi ne mentionne pas cette cause de nullité.

On s'est cependant demandé si l'État pouvait prendre un brevet. M. Pouillet notamment n'est pas de cet avis (1) : « Dans quelle forme sera demandé ce brevet? dit-il. Au nom de qui sera-t-il délivré ?... En l'absence d'un texte formel, nous n'hésitons pas à penser que si l'Etat, par une circonstance quelconque, devient propriétaire d'une invention, elle tombe par cela même sur le champ du domaine public. » Nous préférons nous ranger à l'opinion de notre savant maître M. Lyon-Caen, et décider que si l'État devient propriétaire d'une invention, il peut, comme toute autre personne, obtenir un brevet. La loi de 1841 ne contient à cet égard aucune disposition prohibitive, et les principes généraux du droit autorisent cette solution (2). En somme, les objections faites ont principalement trait à des difficultés de procédure, et il est assez facile d'y répondre. Qui formera la demande ? dit-on. Au nom de qui

(1) Pouillet, nº 92.
(2) M. Lyon-Caen, *Cours de législation industrielle.*

sera délivré le brevet ? Mais, d'une part, la demande pourra être faite par le chef du service dans le ressort duquel se trouve l'auteur de l'invention, et, d'autre part, le brevet sera délivré au nom de l'État, personne morale, incontestablement capable d'avoir des droits et de les exercer. Ainsi, selon nous, l'État peut avec les mêmes droits et sous les mêmes charges et conditions que toute autre personne, obtenir, posséder et acquérir un brevet. Mais cette opinion une fois admise, voici une hypothèse qui peut se présenter. Un inventeur au service de l'État demande un brevet pour une découverte qui se rattache au service dont il est chargé : ce brevet est-il valable? La cour de Paris (1) a décidé que le prévenu de contrefaçon pouvait se fonder sur la nullité du brevet délivré dans ces conditions. « Si en principe, dit cet arrêt, les militaires en activité de service ont, comme tous les citoyens, la faculté de prendre des brevets d'invention pour les découvertes dont ils sont personnellement les auteurs, ce droit ne saurait leur être reconnu lorsque les résultats qu'ils prétendent brevetables sont obtenus par eux dans leur service et comme membre d'une commission instituée spécialement par l'autorité supérieure. » Ce système, on le voit, tend à introduire dans la loi une nouvelle cause de nullité. Le projet de 1858, édictait, il est vrai, la nullité dans ce cas, mais ce projet n'ayant pas eu de suite, nous devons nous en tenir à la loi de 1844, qui ne fait aucune mention de cette prétendue cause de nullité. On comprend à la rigueur que celui qui est au service d'un autre ne puisse se prévaloir au préjudice de celui-ci d'un brevet pris à l'occasion des services qui ont fait l'objet du contrat; mais cela n'empêche

(1) 12 juillet 1855, Sirey, 55, 2, 578.

pas le brevet d'être valable et de produire ses effets à
l'égard des tiers. L'État étant ici intéressé, pourra revendiquer le brevet afin d'en doter le domaine public, ou afin
de le posséder à titre privatif, et pourra aussi laisser la
jouissance de la découverte au titulaire du brevet; mais
quel que soit le parti qu'il prenne, il nous paraît hors de
doute que le prévenu de contrefaçon ne peut se défendre
en alléguant la nullité du titre.

On peut prévoir enfin que le brevet a été pris par celui
qui n'est pas le véritable inventeur. En pareil cas encore
le brevet n'est pas nul, il peut seulement être revendiqué
contre l'usurpateur par l'auteur véritable de la décou-
verte(1). En intentant l'action en revendication, l'inventeur
se fera subroger aux droits du titulaire; mais cette action
en revendication ne peut évidemment appartenir qu'à l'auteur de la découverte; aucun autre ne peut en profiter (2).

Après avoir énuméré les causes de nullité ou de
déchéance, il nous reste à les ranger dans un ordre métho-
dique. Nous n'aurons pas à faire de classification pour les
causes de déchéance; elles se rapportent à des hypothèses
de résiliation du contrat par suite de circonstances ultérieures imputables au breveté. Il suffira de les étudier une
à une.

Quant aux causes de nullité, on peut d'abord les distinguer en deux catégories : la première de ces catégories
comprend les causes générales qui infirment tout brevet
quelconque; la seconde comprend celles qui ne s'appliquent

_____

(1) Rouen, 28 janvier 1847, Sirey, 1848, 2ᵉ p., p. 582.
(2) Les législations étrangères prononcent en général la nullité
du brevet pris par celui qui n'est pas l'auteur de l'invention : ainsi
la loi russe, la loi luxembourgeoise du 30 juin 1880.

qu'à certains brevets, savoir : les brevets de perfectionnement pris par un tiers et les certificats d'addition.

Les causes de nullité générales qui sont de beaucoup les plus nombreuses et les plus importantes supposent ou bien que l'invention n'est pas brevetable, auquel cas la nullité résulte du défaut d'objet brevetable, ou bien que la demande n'a pas été valablement formée. Nous distinguerons donc les nullités tenant au fond et les nullités tenant à la forme. Il semble au premier abord que la nullité pour vice de forme ne puisse se concevoir et que la délivrance du titre doit avoir pour résultat de couvrir les vices de la demande, comme nous l'avons admis plus haut. Mais il ne faut pas oublier que, dans le système de la loi de 1844, les brevets sont délivrés sans aucun examen préalable. Sans doute l'administration peut rejeter la demande lorsque les formalités purement extérieures et matérielles de cette demande n'ont pas été observées ; mais à côté de ces vices de forme qui peuvent facilement être reconnus à la seule présentation de la demande, il en est d'autres qui ne peuvent être aperçus que si l'on se livre à un examen attentif de la nature vraie et de la portée de l'invention. Or précisément il est interdit à l'administration de vérifier si les conditions intrinsèques de la régularité de la demande ont été observées ; il fallait donc, lorsque les vices sont d'une telle gravité que le public peut être induit en erreur, autoriser les intéressés à poursuivre l'infirmation du brevet.

Les nullités tenant à la forme de la demande découlent de cette idée que la divulgation doit être complète et loyale, pour que les tiers puissent connaître exactement la nature et la portée du monopole ; les causes de nullité de cette catégorie sont au nombre de trois : ce sont :

1° L'insuffisance de la description ;

2º La dissimulation des vrais moyens ;

3º L'inexactitude frauduleuse du titre.

Quant aux nullités tenant à l'objet, elles sont également au nombre de trois, savoir :

1º Le défaut de nouveauté ;

2º Le défaut de caractère industriel ;

3º Le caractère immoral ou illégal de l'invention.

Nous nous occuperons d'abord des nullités tenant à l'objet, puis des nullités ayant trait à la forme ; nous dirons ensuite quelques mots des nullités spéciales aux brevets de perfectionnement et aux certificats d'addition ; enfin nous étudierons les causes de déchéance.

CHAPITRE PREMIER

Des causes de nullité

SECTION PREMIÈRE

Causes de nullité générales

I. — NULLITÉS TENANT A L'OBJET

1° *Défaut de nouveauté.*

La nouveauté est une des conditions essentielles de brevetabilité d'une invention. La société n'accorde, en effet,
sa protection qu'à l'inventeur véritable qui lui apporte ce
dont elle n'a pas encore la possession ; elle ne doit rien,
au contraire, à ceux qui lui apportent ce qui déjà lui
appartenait. Le brevet confère à l'inventeur des droits
exclusifs ; mais ces droits ne peuvent lui être accordés que
si un secret utile est acquis à l'industrie ; le monopole
ne peut se concevoir si le domaine public n'acquiert rien
en retour. Le contrat passé entre la société et le breveté
qui aurait pour objet une prétendue découverte connue
en réalité de tous, serait nul faute d'objet.

Le défaut de nouveauté est donc logiquement une cause de nullité. Le législateur de 1844 ne définit pas la nouveauté ; mais il définit ce qui constitue l'absence de nouveauté : « Ne sera pas réputée nouvelle toute découverte, invention ou application qui, en France ou à l'étranger et antérieurement au dépôt de la demande, aura reçu une publicité suffisante pour pouvoir être exécutée. » L'article 16, n° 3, de la loi de 1791, n'admettait la déchéance pour défaut de nouveauté que lorsque la découverte avait été consignée et décrite dans des ouvrages imprimés et publiés. Par conséquent, l'usage même complet de l'invention par les industriels laissait le brevet intact. Cependant le brevet pris dans ces conditions n'avait qu'une force purement nominale. La Cour de cassation décidait (22 brumaire an X) que l'article 16 ne s'appliquait qu'aux demandes principales en déchéance et que les tiers poursuivis en contrefaçon pouvaient par voie d'exception, invoquer tous les moyens propres à établir que l'invention n'était pas nouvelle (1). C'était, en définitive, reconnaître que les restrictions de l'article 16, n'étaient pas justifiées, et revenir par une voie détournée au principe général qui a été formulé par la loi de 1844.

Néanmoins, lors de la discussion de la loi, M. Marie proposait un amendement qui restreignait la publicité à deux cas : celui où l'invention aurait été industriellement pratiquée, et celui où elle aurait été décrite d'une manière technique, dans un ouvrage imprimé et publié. L'amendement prévoyait les faits les plus ordinaires de publicité, mais il laissait de côté un grand nombre de faits analogues constitutifs au même titre de la publicité. Aussi fut-il rejeté

(1) M. Nouguier, n° 504.

sur les explications du rapporteur, et la rédaction primitive comprenant d'une manière générale tous les moyens de publicité fut-elle maintenue. En principe donc toute publicité est admise, s'il [est constant d'ailleurs qu'elle a été suffisante pour permettre l'exécution de l'invention. Les faits qui la constituent une fois établis, le juge n'a pas à rechercher en quel lieu elle s'est produite, de qui elle émane, si elle est intentionnelle ou non, si elle implique ou non l'abandon de l'invention par son auteur ou domaine public, si elle est loyale ou frauduleuse. La seule question à résoudre est celle-ci : la publicité a-t-elle été suffisante pour que l'invention puisse être exécutée ?

Tel est, à nos yeux, le sens et la portée de l'article 31 ; nous allons maintenant parcourir les principales difficultés qu'il peut soulever. Pour cela il convient d'analyser les éléments que nous trouvons renfermés dans la formule de la loi.

1° *Epoque à laquelle la publicité est destructive de la nouveauté.* — La publicité ne peut entraîner la nullité du brevet que si elle est antérieure au dépôt de la demande effectuée conformément à l'article 5. La mention du jour et de l'heure que la loi exige devant être constatée d'une manière authentique, aucune incertitude sur ce point ne poura exister. La loi ne s'attache pas à l'époque où le brevet est délivré, par la raison que le droit du breveté commence à courir du jour du dépôt de la demande: c'est donc à ce moment qu'il faut se placer pour en apprécier le caractère et la validité. La Cour de cassation l'a d'ailleurs jugé ainsi à différentes reprises et notamment dans un arrêt du 22 décembre 1849 (1). Cet arrêt est venu à bon

(1) Sirey, 1850,1,68. — Dans le même sens, Cassation, 12 mars 1864, *Ann. de la propr. ind.*, 1865, 28.

droit casser un arrêt de la cour de Douai, qui avait faussement interprété l'article 31. Il s'agissait, dans l'espèce, d'un brevet obtenu par M. Bokorst pour un procédé de distillerie. Sur une poursuite en contrefaçon intentée par M. Bokorst contre M. Remy, le tribunal correctionnel condamna ce dernier. Appel fut interjeté. La cour de Douai réforma le jugement en se fondant sur ce motif, que M. Bokorst avait, *antérieurement à la date de son brevet*, communiqué son procédé à prix d'argent à quatre industriels, qui l'auraient mis en pratique. Il y avait, on le voit, violation flagrante de l'article 31. Aussi l'arrêt fut-il cassé : « Attendu, dit la cour suprême, que Remy était poursuivi pour contrefaçon d'un brevet délivré à Bokorst : que, pour être relevé de cette poursuite, il a excipé de la publicité antérieurement donnée au procédé objet de l'invention ; mais que l'arrêt attaqué, en renvoyant Remy de la poursuite, a expressément déclaré Bokorst déchu de son droit au brevet d'invention et que cependant la cour d'appel n'a fondé cette déchéance que sur une publicité suffisante antérieure *à la date du brevet*, tandis qu'elle ne pouvait la déclarer qu'autant que cette publicité eût été antérieure au dépôt de la demande du brevet... Par ces motifs, casse... »

Ainsi, pour enlever à l'invention son caractère de nouveauté, la publicité doit avoir eu lieu non pas avant la délivrance du brevet, mais antérieurement au dépôt de la demande. Sous cette réserve, la loi ne se préoccupe pas de savoir si l'invention est ou non récente : un secret de fabrique d'origine très ancienne peut être tout aussi valablement breveté que l'invention née d'hier.

2° *Lieu où est intervenue la publicité*. — La cause de nullité est ici générale et absolue quant au lieu : peu importe que les faits qui constituent la publicité se soient produits en France ou à l'étranger. La loi sur ce point est positive et ne comporte aucune distinction. Elle a même soulevé d'assez vives réclamations : on proposait d'adopter le système de la loi anglaise, qui répute nouvelle toute découverte non publiée ou pratiquée dans l'un des trois royaumes : car, disait-on, un inventeur peut ignorer que sa découverte est connue à l'étranger, et il serait trop rigoureux dans ce cas d'annuler son brevet. Mais il a été fait justice de ce système si contraire au développement de la prospérité nationale. M. Barthélemy l'a attaqué avec force dans son rapport ; il a pensé, et la Chambre avec lui, qu'il vaut mieux que les inventeurs éprouvent quelques embarras, peut-être même beaucoup de difficultés, pour rechercher si leurs inventions sont ou non publiées ou pratiquées au dehors plutôt que de charger en France des chaînes du privilège une industrie librement pratiquée en pays étranger et de nous placer ainsi volontairement dans une position inférieure à celle de nos rivaux (M. Dalloz, p. 576).

3° *Etendue de la publicité.* — La connaissance de l'invention doit être suffisante pour que la découverte ait pu être exécutée au point de vue industriel. Cette condition résulte de l'article 31. Il faut que les moyens à l'aide desquels l'invention est mise en pratique soient rendus publics et que la description permette à toute personne du métier d'exécuter ladite invention. Si donc un inventeur ne fait pas connaître les applications industrielles de son invention et ses procédés d'exécution, le brevet pris ultérieurement par un tiers et qui a pour objet la découverte elle-même ne saurait être frappé de nullité.

Mais, d'un autre côté, il suffit, pour que le brevet soit

entaché de nullité, que l'invention *ait pu être* exécutée :
peu importe que la réalisation n'ait pas eu lieu avant la
demande du brevet. La loi exige seulement que les indications fournies par l'inventeur soient telles que les gens
de métier aient pu facilement exécuter l'invention.

Il faut évidemment qu'il y ait identité entre l'objet du
brevet et celui du domaine public. Ainsi on doit, pour
apprécier s'il y a vraiment identité entre les deux inventions,
envisager l'invention brevetée dans son ensemble : il peut
très bien se faire que telle partie de cette invention se
trouve dans un brevet antérieurement pris, que même toutes
les parties de cette invention aient fait antérieurement
l'objet de différents brevets distincts et séparés, et que cependant l'invention ait bien le caractère de nouveauté, c'est
lorsqu'elle consiste dans une combinaison d'éléments déjà
connus, qui constitue l'application nouvelle de moyens
connus, laquelle, aux termes de l'article 2 de la loi de 1844,
est considérée comme invention nouvelle du moment où
elle aboutit à l'obtention d'un résultat ou d'un produit
industriel. Il ne suffira donc pas pour détruire la nouveauté
de cette invention que les éléments s'en trouvent dans
différents brevets : c'est l'ensemble qui est nouveau.

Rien ne s'oppose à ce que l'inventeur prenne le germe
de son invention dans une découverte précédente, à ce
qu'il s'inspire d'une idée antérieure ou des essais infruc-
tueux tentés par un premier inventeur (1). Si c'est lui qui
le premier procure à la société un résultat industriel in-
connu jusque-là, sa découverte est en réalité nouvelle et
par conséquent brevetable.

(1) Paris, 9 avril 1861, *Ann. de la propr. ind.*, 1861, 276. —
Lyon, 4 mars 1862, *Ann. de la propr. ind.*, 1863, 415.

L'antériorité purement scientifique ne fait pas obstacle davantage à la validité du brevet. Lorsqu'une invention décrite théoriquement dans un ouvrage n'a pas été appliquée industriellement, lorsqu'elle est restée dans le domaine de la science et n'est pas entrée dans celui de la pratique, celui qui le premier fait l'application industrielle de l'invention théoriquement connue, peut obtenir un brevet valable. Toute la question est de savoir si la publication de l'invention théorique a été de nature à rendre possible l'exécution par une mise en œuvre du procédé décrit. Si les indications scientifiques suffisent à rendre possible le résultat industriel, aucun brevet ne peut être pris; si, au contraire, ces indications ne conduisent qu'à un résultat scientifique, le procédé qui rendra plus tard l'invention industriellement praticable sera susceptible d'être valablement breveté.

Ces principes sont parfaitement mis en relief par un jugement du tribunal correctionnel de la Seine du 22 juillet 1863, dont nous croyons devoir reproduire textuellement les termes (1) : « Attendu qu'il ne faut pas confondre les opérations purement théoriques et scientifiques avec les innovations industrielles, et que la préexistence des premières n'affaiblit pas l'état de nouveauté des secondes, lors même qu'elles ont le même objet; attendu néanmoins qu'il importe de bien fixer la valeur des mots *théorique* et *scientifique*, par opposition à l'expression *industriel;* qu'une découverte peut revêtir le caractère industriel, qu'elle soit le fruit des travaux d'un savant étranger à l'industrie ou bien qu'elle ait été mise en œuvre dans un laboratoire et non dans un atelier; que c'est dans

____

(1) Journal *le Droit*, 30 juillet 1863.

la nature même de la découverte qu'il faut chercher son
caractère légal; qu'une observation fugitive, un simple
essai. une expérience incomplète et irréalisable industriellement, constituent la découverte purement scientifique;
mais que la donnée certaine, le travail définitif, le produit
ou le résultat complet, susceptibles de passer dans la pratique tels que le savant les a réalisés lui-même caracté-
risent l'invention industrielle, bien que personne n'en ait
encore fait usage dans l'industrie; attendu que la loi de
1844 a clairement consacré ces principes dans ses articles 2
et 31 en déclarant, d'une part, que les produits et les
résultats industriels sont seuls brevetables, mais en ajou-
tant d'autre part que toute découverte, invention ou application ne peut être réputée nouvelle dès qu'elle a reçu
précédemment une publicité suffisante pour pouvoir être
exécutée; que cette loi ne se préoccupe ni de l'origine, ni
du but de cette publicité qui peut prendre naissance partout, en tout état; attendu que l'article 30, § 3, de la même
loi en annulant les brevets qui portent sur des découvertes
théoriques dont on n'a pas indiqué les applications industrielles n'a rien changé à ces principes, qu'il résulte même
de la discussion qui a précédé l'adoption de ce paragraphe
que ces derniers mots, qui se trouvent aujourd'hui dans le
texte, ont eu pour but précis de réserver aux savants le
droit de breveter leurs conceptions théoriques, lorsqu'elles
sont de nature à passer dans le domaine de l'industrie. »
La doctrine qui se dégage de cette décision, après avoir été
longtemps contestée, est aujourd'hui acceptée par tous les
auteurs. Elle a été notamment affirmée à nouveau par le
tribunal civil de la Seine le 2 août 1878 (*Gaz des trib.*,
19 septembre 1878).

1° *Modes de publicité*. — Tous les modes de publicité font

obstacle à la validité du brevet. La loi de 1844 a le mérite
de n'énumérer aucun des faits constitutifs de la publicité;
elle s'attache seulement aux conséquences que ces faits
peuvent produire et pose une formule générale sans entrer
dans les détails d'application. M. Marie reprochait à la
rédaction de l'article 31 d'être trop vague et d'être de
nature à donner naissance à des procès nombreux; mais la
formule qu'il proposait avait le tort de méconnaître le caractère vrai de la loi en laissant de côté un très grand
nombre de faits de publicité. Le rejet de son amendement
a permis aux rédacteurs de la loi de 1844 de fixer exactement l'esprit dans lequel elle est conçue. Voici à cet égard
comment s'exprimait le rapporteur à la Chambre des pairs:
« La généralité de ces termes embrasse tous les modes de
publicité, soit que cette publicité résulte de l'usage qui
aurait été fait de l'invention, soit qu'elle provienne de la
publication des procédés ou de tout autre mode. Les amen-
dements proposés ont été écartés précisément pour ne pas
restreindre la portée de ce terme et en laisser l'appréciation aux tribunaux. »

Parccurons maintenant quelques-uns des faits de divulgation. La publicité résultera souvent de la publication
par voie d'impression ou bien encore de l'exposition dans
un concours public.

Quant à la publication de l'invention dans un écrit quelconque, elle fait tomber cette invention dans le domaine
public, si cet écrit a été, non seulement imprimé, mais
encore publié. Si cette seconde condition n'était pas encore
remplie, le livre n'existerait que pour son auteur, il n'existerait pas pour le public. Peu importe que la publicité
ait été plus ou moins étendue, parce que le livre n'a été
vendu qu'à un petit nombre d'exemplaires. Peu importe

aussi que la publication ait été faite en langue étrangère, soit à l'étranger, soit en France. C'est ce que le législateur de 1791 avait implicitement admis. Le projet primitif, qui fut soumis à la Constituante, exigeait dans son article 16 que la publication fût faite en langue européenne. On rejeta cette disposition : ce qui montre bien qu'aucune distinction ne devait être faite à cet égard.

L'exposition dans un concours public constitue aussi assez souvent, disons-nous, une divulgation ; car c'est dans le but de permettre au public d'étudier les objets exposés et de tirer profit de cette exhibition que les concours ont été institués. Toutefois, croyons-nous, une distinction est ici nécessaire. S'agit-il d'un produit nouveau, et ce produit est-il exposé publiquement? comme chacun est à même de le voir et de l'étudier, il y a là un fait qui détruit la nouveauté de l'invention. S'agit-il d'un procédé, et c'est l'objet obtenu à l'aide de ce procédé qui est exposé? on ne peut établir d'une façon générale que l'exposition divulgue nécessairement le secret. Le oui ou le non ne peut résulter que des conséquences que cette exposition a entraînées ; si l'objet exposé est de telle nature que sa vue seule révèle le procédé à l'aide duquel on l'obtient, l'invention ne pourra plus désormais être considérée comme nouvelle; si, au contraire, les gens du métier ne peuvent arriver à analyser le produit, à constater le procédé, il n'y a pas divulgation suffisante, ni par conséquent perte de la nouveauté (1). Ceci explique l'utilité de la loi du 23 mai 1868. Cette loi rendant permanentes les dispositions de la loi du 2 mai 1855, qui n'était que transitoire, est venue au secours des in-

----

(1) M. Lyon-Caen, *Cours de législation industrielle.* —
M. Pouillet, nº 396 ;

venteurs qui, n'ayant pas encore de brevet au moment où
une exposition industrielle vient à s'ouvrir, y veulent cependant faire figurer leurs produits ou leurs procédés nouveaux. Le législateur a pensé que la crainte de voir leur
invention divulguée pouvait les détourner de l'exposition
et nuire par cela même au développement de l'industrie
nationale. Aussi leur permet-il d'obtenir gratuitement une
sorte de brevet provisoire que la loi appelle « certificat descriptif ». Ce certificat, qui, suivant le lieu où l'exposition est
ouverte, est délivré soit par le préfet soit par le sous-pré-
fet, doit être demandé au plus tard dans le premier mois
de l'ouverture de l'exposition; son effet est d'assurer à
l'exposant pendant la durée de l'exposition et les trois
mois qui en suivent la clôture, les droits que lui conférerait
un brevet, et cela sans préjudice du droit de réclamer un
brevet; seulement ce brevet devra être pris ou tout au
moins demandé avant l'expiration du certificat descriptif :
sans quoi la publicité résultant de l'exposition mettrait
obstacle à sa validité.

La publicité peut résulter d'autres faits du même genre.
Il n'est pas nécessaire d'examiner une à une toutes les
différentes formes qu'elle peut affecter. La question est
toujours la même; les juges n'ont qu'à rechercher si les
faits allégués sont de telle nature que le public ait pu sans
le secours de l'inventeur exécuter l'invention. Il nous suffira de parcourir rapidement les principales hypothèses,
pour vérifier, à propos de chacune d'elles, le principe général formulé par l'article 31. Nous verrons au cours de cet
exposé que la jurisprudence des cours d'appel n'a pas toujours sainement interprété ce texte et que, sous prétexte
d'équité, elle a admis en définitive une doctrine qui s'éloi-
gne de la rédaction adoptée par le législateur.

Il est clair tout d'abord que l'exploitation même la plus complète de l'invention n'entraîne pas la nullité de l'invention si cette exploitation est demeurée secrète. Souvent l'inventeur ne veut révéler au public sa découverte que lorsqu'il a amené son œuvre à sa dernière perfection ; il serait injuste qu'une exploitation clandestine lui ôtât le droit d'obtenir un brevet à l'époque où l'invention sera en état de donner des résultats utiles. Merlin a posé, sous l'empire de la loi de 1791, les principes de la matière qui restent vrais aujourd'hui. « Tant que l'auteur d'une invention la tient secrète, tant qu'il en use sans que le public puisse en pénétrer le mécanisme, sa propriété reste intacte, et il est toujours à temps pour prendre les voies légales à l'effet d'empêcher qu'elle ne devienne une propriété publique. Pourquoi la loi déclarerait-elle l'inventeur déchu ? Est-ce pour avoir mis sa découverte en pratique avant de remplir les formalités nécessaires pour s'en assurer la jouissance exclusive ? Non, c'est uniquement pour l'avoir rendue publique après en avoir constaté les avantages par l'usage plus ou moins prolongé qu'il en a fait. » (*Rép.*, v° Brevet d'inv., n° 6.)

Le fonctionnement de la machine avant la prise du brevet n'est donc pas nécessairement une divulgation. La pratique se montre très tolérante à cet égard ; elle décide, par exemple, que la nullité du brevet ne peut être demandée si l'on a pris toutes les mesures nécessaires pour éviter la publicité et si, en fait, les personnes qui ont pris connaissance de l'invention n'ont pu, à raison de leur profession ou de leur inaptitude, publier les secrets de la découverte (Paris, 16 mars 1864, *Ann. de la propr. ind.*, 1864, 265).

Ce que nous disons de l'exploitation secrète, il faut le dire également de la communication faite à un tiers à titre de secret, et la jurisprudence ici encore se montre très bienveillante pour l'inventeur. Ainsi la Cour de cassation a décidé que le brevet n'est pas frappé de nullité lorsque l'inventeur, avant la demande du brevet, a communiqué à prix d'argent et accordé à plusieurs industriels le droit d'employer le procédé par lui découvert, mais en stipulant expressément que ces communications étaient faites à la charge du secret. La cour a considéré qu'il n'y avait pas là un fait de nature à divulguer le procédé, si d'ailleurs le secret avait été gardé (1).

Mais il faut, à notre avis, considérer comme une divulgation la communication faite aux membres d'une société d'encouragement ou d'une société savante, pour leur faire apprécier le mérite d'une découverte. M. Blanc, qui soutient l'opinion adverse, justifie ainsi son système : « Soutenir le contraire, dit-il, serait étouffer à leur naissance les productions de l'esprit humain et isoler les inventeurs des secours qui peuvent les encourager, les aider même dans l'accomplissement de leur œuvre (2) ». Il suffit, pour repousser cette opinion, de rappeler le texte de l'article 31. L'invention perd son caractère de nouveauté lorsque la publicité a été suffisante pour que l'exécution fût possible. C'est donc certainement ne pas tenir compte de l'esprit de la loi, que de s'attacher au plus ou moins grand nombre de personnes qui ont connu l'invention ou au but que se proposait l'inventeur en communiquant aux tiers sa découverte.

La difficulté est plus considérable lorsqu'il s'agit de déterminer si les essais et les expériences constituent une

(1) Cass., 22 avril 1854, Sirey, 1854, 1, 491.
(2) Voir, en ce sens, Paris, 16 avril 1866, *Ann. de la propr. ind.*, 1867.

pnblicité suffisante destructive de la nouveauté. Suivant
nous, la seule question à résoudre est celle-ci: la divulgation a-t-elle permis aux personnes présentes de s'approprier la découverte et de l'exploiter. Si oui, le brevet qui
serait pris ultérieurement est frappé de nullité ; si non, il est
valable. La question ainsi posée est une question de fait,
mais c'est la seule que les juges appelés à statuer sur la
validité du titre doivent examiner. Ils n'ont pas à rechercher si l'inventeur avait l'intention de divulguer son
secret et de l'abandonner au domaine public, ou si, au
contraire, il entendait se réserver la faculté de prendre un
brevet. Cette recherche de l'intention n'est pas permise ;
c'estl'élément matériel de l'exhibition qu'il faut seul envisager.

Cependant la plupart des auteurs et la jurisprudence
décident que l'essai fait en public n'est une cause de nullité du brevet que si, à la divulgation suffisante pour permettre d'exécuter l'objet, se joint l'intention et la volonté
de l'inventeur d'initier le public à sa découverte et de lui
en faire l'abandon en laissant surprendre son secret (Poi-
tiers, 17 février 1855, Dalloz, 1855, 2, 110). Cette doctrine
est éxprimée très nettement dans un arrêt de la cour de
Paris du 19 janvier 1872 (1): « La nullité résultant aux
termes de l'article 31 de la publicité que l'inventeur aurait
lui-mème donnée à sa découverte avant de la faire breveter repose, dit cet arrêt, sur ce double fondement que
l'auteur d'une invention par lui divulguée est censé en
avoir abandonné le bénéfice au domaine public, et que la
foi du tiers n'a pas dû être trompée ; mais une présomption
de ce genre ne saurait s'appliquer à de simples essais ou à

____

(1) Voir *Ann. de la propr. ind.*, 1872, 198.

des expériences que l'inventeur ne fait opérer qu'en vue de s'éclairer ou d'éprouver la valeur de son invention : spécialement *quelque publicité qui se soit attachée* aux expériences faites du fusil Chassepot, au camp de Châlons, sur l'ordre du gouvernement, devant une réunion nombreuse d'officiers ou de journalistes, les fusils n'en ont pas moins retenu au regard du public le caractère hautement manifeste d'une simple expérience ; il faut, en effet, remarquer que, s'agissant d'une arme de guerre, la condition normale de l'expérience était qu'elle fût mise entre les mains d'un assez grand nombre de soldats, employée dans une manœuvre militaire et éprouvée ainsi à tous les points de vue de la solidité générale de l'arme, de la facilité de son maniement et de la rapidité du tir. » La jurisprudence la plus récente suit également cette opinion (1).

Nous ne pouvons assurément méconnaître la gravité des motifs de ce système : il est naturel que l'inventeur ne prenne pas son brevet aveuglément : on comprend qu'il cherche à se rendre compte auparavant des résultats que donnera sa découverte, et cependant si nous voulons appliquer sainement l'article 31, nous devons décider, conformément à son texte, que l'essai fait publiquement constitue une divulgation, à moins que l'objet de la découverte ne soit de telle nature que son aspect ne puisse le révéler. L'inventeur doit se mettre à couvert en procédant aux essais dans son atelier, en veillant à ce que les personnes qui assistent aux opérations gardent le secret de l'invention. S'il a pris toutes les mesures nécessaires pour éviter la

---

(1) Douai, 24 août 1881. — Cass., 27 janvier 1882, *Ann. de la propr. ind.*, 1882, p. 58. — Toulouse, 28 juin 1882, *Ann.* 1882, p. 279.

publicité, si l'essai a été fait en présence d'un nombre tout à fait restreint de personnes, et surtout si l'épreuve est restée isolée, on comprend que les tribunaux ne consentent pas volontiers à spolier l'auteur de la découverte ; mais, nous le répétons, la doctrine qui se dégage de ces arrêts n'en est pas moins fort critiquable, et c'est ajouter à la loi et se rattacher à un principe faux que de se préoccuper de l'intention de l'auteur de la découverte pour décider si le défaut de nouveauté doit entraîner la nullité du brevet. Une autre difficulté s'est fréquemment présentée devant les tribunaux : La vente des objets fabriqués antérieure à la délivrance du brevet constitue-t-elle une publicité légale ? Il faut, pensons-nous, faire ici une distinction analogue à celle que nous avons faite plus haut lorsque nous avons parlé des objets exposés dans un concours public. S'il s'agit d'un produit nouveau, on peut dire que la vente de ce produit divulguera l'invention et l'empêchera dorénavant d'être considérée comme nouvelle. Mais si un produit est mis en vente et que l'invention porte sur le procédé employé pour l'obtenir, il est impossible de donner une réponse absolue. Les acheteurs ne peuvent-ils, par la vue, l'étude ou l'analyse du produit, arriver à découvrir les moyens de fabrication ? en ce cas, le brevet ultérieurement pris ne saura être annulé comme manquant du caractère de nouveauté. L'aspect du produit permet-il au contraire, de découvrir et de reproduire le secret de la fabrication ? alors la vente de ce produit constituera la divulgation de l'invention (Aix, 4 nov. 1863. *Ann. de la propr. ind.*, 1865, 325). Et il importerait peu que, dans l'intervalle qui sépare la vente de la demande en brevet, aucun imitateur n'ait songé à prendre connaissance des procédés de fabrication ; il suffit qu'à la seule inspection du produit la fabrication soit possible (Douai 8 février 1861, *Ann. de la propr. ind.*, 1861, 271).

On s'est demandé si le seul fait qu'un autre inventeur a pris antérieurement un brevet pour la même invention, constitue en lui la même publicité que la loi requiert et si tout le monde, par conséquent, peut se prévaloir de ce fait pour faire annuler le second brevet.

Dans un premier système, qui a été consacré par quelques arrêts, on dit que les tiers ne peuvent ici en aucune façon se prévaloir de la nullité du second brevet : le premier breveté aurait seul le droit d'agir (Cass., 8 juillet 1848, Dalloz, 1848, 1, 170. — Cass., 7 mai 1851, Dalloz, 1851, 5, 62). Dans l'espèce du premier arrêt, M. Chabrié avait opposé la nullité du brevet en vertu duquel il était poursuivi, en se fondant sur l'existence d'un brevet antérieur. La Cour de cassation rejeta le pourvoi formé contre l'arrêt de la Cour de Paris par les motifs suivants : « La publicité d'une invention qui, aux termes de l'article 31, ne laisse plus de cause aux brevets postérieurs ne peut s'entendre que d'une divulgation privée qui livrerait ladite invention au domaine public ; cette publicité ne résulte pas suffisamment de la *communication faite par l'autorité*, en vertu de l'article 24, d'un brevet antérieurement pris par un tiers, et qui contiendrait la description d'un procédé identique. Le litige qui pourrait s'élever entre deux brevetés sur l'antériorité d'une invention, ne peut jamais donner ouverture aux droits des tiers et les autoriser à user de ceux qui pourraient être acquis au premier inventeur. » La même doctrine se retrouve dans un autre arrêt plus récent de la Cour de cassation du 17 déc. 1873 (1).

(1) *Ann. de la propr. ind.*, 1874, 35.

Ce système, qui, au premier abord, semble d'une exactitude rigoureuse, est atteint d'un vice radical qui doit le
faire rejeter complètement. Il conduirait, en effet, à admettre que la même invention peut faire l'objet de deux
brevets valables au regard du public, sauf le litige qui
pourrait s'élever entre les deux brevetés. Or c'est là une
conséquence manifestement inadmissible.

Quant à prétendre que le contrefacteur est coupable
dans tous les cas, puisqu'il a contrefait et qu'il n'a aucun
intérêt à se prévaloir de l'existence du premier brevet,
c'est encore là un argument sans portée. Le propriétaire
du premier brevet, qui seul a un titre valable, ne veut peut-
être pas poursuivre le contrefacteur, parce qu'il craint de
compromettre la validité de son titre, ou parce qu'il n'a pas
les ressources suffisantes pour engager une instance en
contrefaçon et redoute les conséquences d'un procès ; et
cependant l'on permettrait au second breveté, dont le titre
est radicalement nul, d'intenter une action que le premier
ne veut pas exercer ! on condamnerait ainsi le contrefacteur à des dommages et intérêts, en vertu d'un titre nul,
au profit de celui qui, n'ayant acun droit, n'a subi aucun
préjudice !

Mais allons plus loin, supposons que le premier breveté
ne puisse exercer aucune poursuite, parce que son titre est
frappé de déchéance, admettra-t-on que la poursuite puisse
aboutir à une condamnation, en présence de deux titres
dont l'un est frappé de nullité, l'autre de déchéance.

Le système des arrêts que nous avons rapportés
est, en outre, condamné par le texte de l'article 31. La
seule existence antérieure d'un brevet établit une
présomption de divulgation du procédé qui dispense
de prouver que lebrevet a été appliqué publiquement.

La prise d'un brevet constitue dans le système de la loi la publicité la plus complète, car la demande qui accompagne la description est à la disposition de tout le monde (1). Aux termes de l'article 23, les descriptions, dessins et échantillons doivent être communiqués sans frais à toute réquisition : toute personne peut en obtenir copie. L'article 24 prescrit, en outre, de publier au commencement de chaque année un catalogue contenant les titres des brevets délivrés dans le courant de l'année précédente. La conséquence légale de toutes ces dispositions, c'est que nul n'est censé ignorer l'existence du brevet. S'il en était autrement, des procès s'élèveraient incessamment, toute personne serait exposée à une poursuite en contrefaçon. Dans notre système, au contraire, le fabricant poursuivi pourra aisément se défendre en prouvant par un simple rapprochement de dates qu'un brevet a été pris antérieurement par un tiers, et l'exception tirée de l'antériorité, le mettra à l'abri des poursuites.

Nous avons supposé que le premier brevet avait été délivré par l'administration. Si la demande avait été retirée par l'inventeur avant toute publicité, il nous paraît certain qu'on ne saurait se prévaloir de l'antériorité pour prétendre que le second brevet est nul pour défaut de nouveauté. Quel que soit le motif qui ait déterminé l'inventeur à retirer sa demande, peu importe ; le fait seul d'une demande qui n'a pas abouti ne pourrait être invoqué contre le brevet pris ultérieurement (Paris, 29 juillet 1848, Sirey, 1848, 2, 468).

Il en serait de même si la demande avait été rejetée

____

(1) M. Pouilllet, n° 496. — M. Nouguier, n° 498. — M. Blanc, p. 468. — M. Rendu, n° 442.

pour vice de forme. M. Nonguier (n° 501) enseigne cependant que la demande d'un brevet rejetée comme irrégulière constitue une antériorité opposable à un brevet délivré postérieurement. Suivant cet auteur, la publicité résulte suffisamment de la communication faite aux employés du ministère. Nous ne pouvons admettre cette idée ; M. Pouillet fait observer avec raison que cette communication est une confidence que l'inventeur fait aux employés et qu'il est obligé de leur faire, mais qui ne peut produire d'autres effets que ceux d'une confidence purement privée. D'ailleurs, pour repousser le système contraire, il suffit de rappeler que la loi admet dans son article 12 que, dans tous les cas où la demande est rejetée pour irrégularité, l'inventeur a le droit de la reproduire dans un délai déterminé.

Occupons-nous maintenant du cas où un brevet ayant été obtenu, non plus en France, mais à l'étranger, un second brevet a été délivré en France pour la même invention. Devons-nous admettre la validité de ce dernier brevet ?

Il se peut d'abord que ce brevet pris en France l'ait été par un autre que le titulaire du brevet étranger. En pareil cas la solution n'est pas douteuse : dans presque tous les pays, le législateur n'accorde de brevet qu'en retour de la divulgation de l'invention et cette divulgation détruisant la nouveauté ôte au brevet tout fondement en France.

Il se peut en second lieu que le brevet français ait été obtenu par le titulaire du brevet étranger lui-même. Dirons-nous encore que ce brevet est nul ? On pourrait être tenté de décider le contraire en présence de l'article 29 de la loi de 1844, qui est ainsi conçu : « L'auteur d'une invention déjà brevetée à l'étranger pourra obtenir un brevet en France. » Mais il est certain que cet article n'a pas pour effet de soustraire le brevet étranger à la règle formelle de l'article 31, et il résulte du rapport de M. Dupin que le breveté étranger ne peut obtenir de brevet en France qu'autant que son invention est nouvelle dans le sens de la loi française. Or l'effet du brevet étranger est précisément de détruire la nouveauté ; donc le brevet pris en France ne peut être valable.

Dans les deux hypothèses que nous venons d'examiner nous avons supposé que le premier brevet avait été déjà accordé à l'étranger au moment où le second brevet était demandé en France. Que décider dans le cas où le premier brevet a été seulement demandé à l'étranger, mais non encore délivré au moment où la demande du brevet français est déposée ? Celui qui prend un brevet en France dans de semblables conditions sera-t-il privé du résultat de ses recherches ?

On ne peut, à notre avis, résoudre la question en principe, car elle est toute de fait. Si, d'après la loi étrangère, comme cela a lieu d'après la loi française, la publicité de l'invention remonte au jour du dépôt de la demande, nous déciderons que le brevet pris en France n'est certainement pas valable. Si, au contraire, l'invention n'est rendue publique à l'étranger qu'au moment de la délivrance, et c'est ce qui a lieu dans les pays où le brevet n'est accordé qu'après examen préalable mais sans procédure provocatoire, aux États-Unis, par exemple, dans ce cas, nous admettrons la validité du brevet français.

Et il n'y a pas, croyons-nous, à distinguer entre le cas où la demande en a été faite par le titulaire du brevet étranger et le cas où elle a été faite par un autre que ce titulaire. Quel but, en effet, le législateur poursuit-il ? que cherche-t-il à encourager? La divulgation de l'invention. Se préoccupe-t-il de savoir si celui qui se présente comme l'auteur d'une invention est bien le véritable inventeur ? En aucune façon. Donc nous n'avons pas de raison pour distinguer là où la loi ne distingue pas. Toutefois les auteurs sont divisés sur la question (1). M. Huard notamment admet qu'en pareil cas le brevet pris en France par un autre que le titulaire du brevet étranger est nécessairement nul. D'après lui le brevet pris dans de semblables conditions est un brevet d'importation ; or il est certain que la loi de 1844 a aboli ces brevets. On ne peut donc vouloir rétablir ce que la loi a supprimé. La réponse à cette objection nous paraît assez simple. Sans doute le législateur de 1844 a effacé l'article 3 de la loi de 1791, qui organisait les brevets d'importation, mais il ne les a pas abolis d'une manière absolue. S'il les a abolis, c'est en tant qu'ils formaient une catégorie à part : voilà tout. En les confondant avec les autres et en les soumettant à la condition de la nouveauté, il les a rendus, il est vrai, à peu près impossibles ; mais s'il arrive qu'un brevet d'importation soit pris pour une invention encore nouvelle, ce brevet est tout aussi valable qu'un autre : il n'est pas possible de lui appliquer une nullité que la loi n'a nulle part expressément formulée.

Les principes que nous venons de poser nous permettent de résoudre facilement la question de savoir si la connaissance ou possession individuelle acquise à un tiers qui n'a pas divulgué la découverte, peut faire obstacle à la prise ultérieure d'un brevet. Nous pensons que la possession et l'exploitation secrète antérieures au brevet n'empêchent

(1) M. Pouillet, n° 409. — M. Huard, *Propr. ind.*, 129.

pas la validité du titre, mais que le brevet n'est pas opposable à celui qui possédait antérieurement l'invention. Ce sont là deux solutions distinctes que nous allons justifier séparément.

En premier lieu, nous décidons que le brevet est valable. Pour appuyer cette opinion, il suffit de nous reporter encore à l'article 31 : la publicité n'est une cause de nullité que si le public, c'est-à-dire les gens du métier, ont pu connaître et exécuter l'invention. Si la connaissance du procédé découvert n'est acquise qu'à une ou plusieurs personnes, il ne saurait y avoir publicité. En révélant son secret l'inventeur rend un service à la société, et en échange du service rendu, il est juste que le monopole soit acquis à l'inventeur pour prix de sa révélation. On ne comprendrait pas que le domaine public fût en droit d'acquérir une invention qui était cachée jusque-là, cette acquisition serait sans cause.

Cette opinion est cependant contestée par des auteurs considérables. C'est d'abord M. Blanc qui la combat dans les termes suivants : « Une découverte est nouvelle quand jusqu'au jour du brevet elle n'a existé que pour l'inventeur et n'a été connue que de lui..... Mais les inventions possédées et pratiquées même *secrètement* par d'autres que le breveté doivent être exclues du bénéfice de la protection légale par le seul fait de l'antériorité et en dehors de toute divulgation. Cette doctrine est la seule, selon nous qui conserve au contrat passé entre la société et le breveté le caractère de parfaite compensation et de complet échange que la loi, à tort ou à raison, a voulu lui donner. Il faut donc, au moment où le contrat s'accomplit, que l'objet du brevet soit nouveau en théorie comme en pratique, et qu'ainsi la société reçoive une chose qu'elle ne pouvait alors connaître sans que le breveté la lui révélât (1) ». M. Bédarride reproduit la même doctrine en ces termes : « Si la découverte pratiquée avant tout brevet, par une seule personne est le fait de cette personne même, celle-ci pourra plus tard la faire valablement breveter, à condition que sa pratique soit demeurée essentiellement secrète. Si celui qui a pris le brevet est un autre que celui qui a pratiqué, ou si cette pratique a été le fait de plusieurs, le brevet a été essentiellement nul et de nul effet (2) ».

L'opinion de ces savants auteurs nous paraît contraire tant au texte qu'à l'esprit de la loi. Il ne suffit pas que la connaissance antérieure du procédé ait pu permettre à quelques personnes d'exécuter l'invention ; la loi exige une autre condition plus importante que la première : il faut que le public ait pu profiter de la découverte et l'exploiter. Tant que le public n'a aucun moyen de s'approprier l'invention restée secrète, on peut dire que l'auteur de la découverte, en demandant un brevet et en rendant ainsi son invention publique, rend à tous le même service que si jusquelà sa découverte avait été connue de lui seul. La révélation qu'il fait au public doit, par conséquent, être remunérée par l'acquisition du monopole de l'exploitation. D'ailleurs, dans le système contraire, pour être logique, on devrait décider que la publicité est acquise par le seul fait de l'impression d'un ouvrage dans lequel l'invention aurait été décrite ; et cependant les auteurs dont nous combattons la doctrine n'admettent pas que ce fait constitue la nouveauté. Concluons donc qu'il ne peut y avoir

(1) M. Blanc, p. 464 et 465.
(2) M. Bédarride, n° 390.

nouveauté que si une portion du public a été, par la théorie ou par la pratique industrielle, mise en possession de l'invention. C'est en ce sens que la jurisprudence s'est constamment prononcée (Cass., 5 janvier 1878, *France jud.*, 2, 432).

Le brevet subsiste donc malgré la possession antérieure et secrète par un tiers. Mais faut-il aller jusqu'à dire que le brevet s'exerce même à l'encontre de celui qui possédait le secret de l'invention, ou faut-il décider que le droit du brevet ne pourrait s'exercer à l'encontre des droits du possesseur? C'est cette seconde opinion que nous préférons admettre, car cette possession du tiers, bien que secrète, n'est pas contraire à la loi, puisque la législation protège les secrets de fabrique. Celui qui est en possession du procédé n'est pas soumis, pour sa conservation, a justifier qu'il l'a exécuté avec publicité. Il faut donc décider, croyons-nous, que la possession engendre au profit du tiers une exception qui le met à l'abri des poursuites en contrefaçon. Le droit d'exploitation lui appartient du jour où il a conçu la découverte, aucun événement ultérieur ne pourrait le dépouiller de ce droit acquis qui doit produire ses effets légaux (Cass., 30 mars 1849, Sirey, 1850, 1, 70. — Cass., 23 févr. 1856, Sirey, 1856, 1, 159). Un arrêt de la cour de Nancy du 16 décembre 1856 exprime avec une grande netteté cette thèse de droit. Nous croyons devoir reproduire ici ses principaux considérants : « Attendu que, pour échapper aux peines de la contrefaçon, il n'est pas nécessaire que le prévenu justifie que l'invention brevetée a reçu avant la demande du brevet la publicité dont parle l'article 31 de la loi de 1844 ; qu'il lui suffit de prouver qu'il a exercé le procédé breveté avant le dépôt de cette demande ; qu'en effet la loi de 1844, en conférant

par son article premier à l'auteur de toute invention nouvelle le droit exclusif de l'exploiter, n'a pas entendu porter
atteinte aux droits acquis à des tiers par une possession
antérieure; que l'exercice d'un procédé préexistant à tout
brevet d'invention obtenu plus tard pour ce même procédé
est placé sous la protection des principes généraux qui
consacrent la liberté de l'invention; que celui qui est en
possession de ce procédé n'est pas soumis, pour sa conservation, à justifier qui l'a exécuté avec publicité; que l'article
31 n'impose l'obligation de prouver une publicité suffisante
d'exécution qu'à celui qui, contestant la nouveauté de l'invention, demande la nullité du brevet; qu'à l'égard de
celui qui oppose au trouble apporté à son industrie une
possession antérieure non publique, mais susceptible d'être
prouvée par les voies de droit, cette possession forme une
exception légale contre le trouble et une défense péremp-
toire contre la poursuite en contrefaçon ; que toutefois cette
exception laisse subsister les effets généraux du brevet et qu'elle a seulement pour résultat d'établir qu'il est
sans valeur relative quant à celui qui pratiquait antérieurement le procédé objet du brevet..... »

L'opinion que nous soutenons n'est pas seulement admise en jurisprudence : elle a rallié aussi les suffrages de
la plupart des auteurs. Toutefois M. Duvergier (1) pense que
la connaissance antérieure ne peut protéger le possesseur
contre une poursuite en contrefaçon. « Aux termes de l'article 1er, dit-il, toute invention confère à son auteur un
droit exclusif d'exploiter à son profit cette invention. Le
brevet est l'acte qui devant les tribunaux constate ce droit,
et toute atteinte qui y est portée est un délit de contre-

____

(1) M. Duvergier, t. XLIV, p. 418.

façon (article 40). Pour qu'un tiers puisse se servir des procédés brevetés, il faut que le brevet se soit effacé, qu'il ait été frappé de nullité, ou qu'il ait subi une déchéance absolue, ou au moins relative ; jusque-là le brevet reste entier, garantissant un droit exclusif à l'abri de toute atteinte. » Ce raisonnement n'est pas sans réplique ; sans doute, l'inventeur a acquis un droit exclusif à l'exploitation de sa découverte lorsqu'il a obtenu le brevet: mais la loi suppose, pour qu'il en soit ainsi, le cas qui se présente le plus fréquemment, celui où l'invention n'était, antérieurement à la prise du brevet, connue que de l'inventeur seul; mais, dans l'hypothèse que nous supposons, l'invention était connue d'un autre fabricant, qui exploitait secrètement la même découverte et avait un droit acquis à user du même procédé breveté depuis. Ce droit préexistant doit être respecté par le breveté, et le brevet ne doit conférer un droit exclusif d'exploitation et de fabrication que sous la réserve du droit acquis à ce possesseur antérieur. Le législateur ne réserve pas le droit du possesseur, parce qu'il ne s'est pas préoccupé de cette hypothèse toute particulière, mais aucun texte n'est nécessaire lorsqu'il s'agit de faire l'application des principes généraux du droit. Le respect des droits d'autrui conduit donc tout naturellement à la solution que nous avons adoptée.

A quelles conditions l'exception tirée de la possession antérieure peut-elle faire échec à la poursuite intentée par le breveté? Il est nécessaire, tout d'abord, que la possession ne soit pas frauduleuse ; la fraude ne peut, en effet, devenir le fondement d'un droit. Il faut, en second lieu, que cette possession soit établie d'une manière certaine et irréfragable, qu'elle résulte de faits non équivoques, reposant sur l'objet même qui a été plus tard breveté. On ne saurait,

par exemple, attribuer le caractère d'une telle possession
au seul fait que le tiers poursuivi en contrefaçon, se serait
occupé à une époque plus ou moins éloignée de l'application
de principes et de moyens analogues à ceux du brevet : une
demande de preuve d'un fait semblable n'aurait aucun
caractère de pertinence et devrait être repoussée (Rejet,
11 juillet 1857, *Ann. de la propr. ind.*, 1857, 321). Il
faut en troisième lieu que l'exception soit opposée par
celui-là même qui possédait avant le brevet. Le possesseur
ne serait pas autorisé à concéder à des tiers le droit dont
il jouissait lui-même. Si l'on décidait que le possesseur a
le droit de faire participer les tiers à son droit, on aboutirait à ce résultat que le possesseur pourrait faire complètement échec aux droits du breveté. Il a été jugé notamment que le possesseur ne pourrait s'en prévaloir en qualité
d'administrateur d'une société (Douai, 19 juillet 1859, *Ann.
de la prop. ind.*, 1860, 214).

Le droit que nous reconnaissons au possesseur antérieur
sera d'ailleurs précaire et d'un exercice assez périlleux.
Chaque fois que des poursuites en contrefaçon seront dirigées contre lui, il devra opposer l'exception de priorité et
faire chaque fois la preuve que les faits qui lui sont reprochés se rattachent au droit que lui procure sa possession
antérieure ; de là une insécurité complète pour son exploitation, qui le déterminera souvent à renoncer à son droit
moyennant une certaine somme ou à acquérir une licence
dans des conditions plus avantageuses.

5° *Des causes de la publicité.* — La publicité, lorsqu'elle
est suffisante, entraîne, avons-nous dit, la nullité du brevet sans distinguer de quelle manière la divulgation s'est
produite ou de qui elle émane. Si la communication de l'invention n'a pas été faite volontairement par l'inventeur,

mais surprise à sa confiance par la déloyauté d'un tiers, la nullité n'en doit pas moins être prononcée. La loi ne fait pas de distinction : l'invention n'est plus nouvelle lorsque, par un moyen quelconque, le public a pu la connaître. On comprend, en effet, que les causes de la publicité n'intéressent pas les tiers ; c'est le fait seul de la connaissance de l'invention qui fonde leurs droits... Tant pis pour le breveté qui a mal placé sa confiance et se sait exposé par l'infidélité d'un ouvrier à être dépouillé du profit de son invention : il devra se borner à une action en dommages et intérêts contre les auteurs ou complices de la fraude ; il ne saurait avoir la prétention de faire un nouveau traité avec la société, puisqu'il est hors d'état de lui offrir quoi que ce soit en échange du monopole qu'il réclamerait d'elle. Cette doctrine, qui est celle de M. Pouillet et de la majorité des auteurs (1), a cependant trouvé des contradicteurs. C'est d'abord M. Dalloz, qui la repousse complètement ; il s'appuie sur le texte de l'article 43, duquel il résulte, à son avis, qu'un inventeur peut, au moins en certains cas, être valablement breveté, alors même qu'antérieurement à la demande en brevet il y aurait eu divulgation par suite d'une infidélité commise à son préjudice. M. Ruben de Couder (n° 520) dit également de son côté : « La loi voit dans la publicité une présomption d'abandon de son droit de la part de l'inventeur ; mais une révélation que les plus sages précautions ne sauraient prévenir, due à une infidélité, à un vol, au moment même où l'auteur de la découverte se dispose à contracter avec la société, ce n'est pas là ce que la société entend opposer à l'inventeur. »

(1) M. Nouguier, n° 510. — M. Renouard, n° 46. — MM. Rendu et Delorme, n° 435.

Cette opinion se fonde, avons-nous dit, sur l'article 43 de
la loi de 1844. M. Dalloz, appliquant ce texte à une exploitation antérieure à la demande de brevet, considère cette
exploitation comme une contrefaçon. « S'il y a contrefaçon,
dit-il, c'est que le brevet est valable. » Ce raisonnement
nous semble erroné. L'article 43, en effet, suppose que
l'exploitation s'est produite après la demande de brevet,
car il ne peut être question de contrefaçon tant que le brevet n'a pas été obtenu, cela est évident. Il s'agit dans le
texte d'un ouvrier qui a connu, non pas les secrets de l'invention, car le brevet les a révélés, mais les procédés particuliers qui permettent d'obtenir une exécution plus parfaite de l'invention. La loi punit plus sévèrement celui qui,
connaissant les procédés décrits au brevet, a pu acquérir
dans les ateliers de l'inventeur une habileté plus grande
dans la fabrication du produit breveté.

La jurisprudence des cours d'appel semble s'être formée
dans le sens du système que nous venons de combattre ; plusieurs fois la Cour de Paris a consacré en termes absolus
l'opinion de M. Dalloz sans cependant fonder sa décision
sur les mêmes motifs (voir notamment un arrêt du
10 mai 1856, Dalloz, 1857, 2, 24) (1). Toutes ces décisions
s'inspirent assurément de louables sentiments d'équité,
mais elles nous paraissent contraires au texte de l'article 31 et aux principes généraux de la législation des
brevets. Quelle que soit la gravité des motifs en faveur
d'une solution qui protège les droits du breveté, on ajoute
aux termes de l'article 31 en se préoccupant des causes qui
ont rendu publique la découverte.

(1) Voir en ce sens également un arrêt de la Cour d'Aix du
11 novembre 1863, *Ann. de la propr. ind.*, 1865, 323.

« La société, dit à ce sujet M. Bédarride (n° 393), qui trouve dans sa main un avantage matériel est en droit de s'en servir tant qu'un contrat intervenu entre elle et l'inventeur n'est pas venu suspendre l'exercice de ce droit. On ne saurait lui reprocher ni de n'être pas remontée à l'origine de la publicité dont elle profite, ni de s'être abstenue d'en rechercher les causes : elle ne pouvait ni ne devait le faire. »

M. Blanc (1) propose de tempérer la rigueur de cette solution par une distinction : « Si un inventeur, au lieu de se faire breveter, dit-il, préfère une exploitation clandestine, et que, pendant le cours de cette exploitation, un ouvrier infidèle livre son secret, l'inventeur alors ne peut plus être breveté : et si le brevet a été pris postérieurement à cette divulgation, il est radicalement nul. L'inventeur n'a pas voulu livrer son secret à la société en échange de la protection qu'elle lui promettait; la société ne lui doit rien. Mais si la divulgation a eu lieu pendant le travail d'invention, pendant les essais, à une époque rapprochée de la prise des brevets, il serait injuste d'attribuer l'invention au domaine public; ce serait livrer sans défense les inventeurs aux indiscrétions et aux infidélités des agents qu'ils sont obligés d'employer pour la confection de l'objet à breveter : ce serait paralyser l'invention. »

Il nous paraît difficile, nous l'avouons, de concilier la distinction de M. Blanc avec les termes généraux de l'article 31. Ce texte ne distingue en aucune façon si l'invention était exploitée par l'inventeur ou seulement sur le point de l'être, si la révélation a précédé la demande de près ou de loin. Et nous ne voyons pas quel peut être le

____

(1) M. Blanc, *Traité de la contrefaçon*, p. 474.

fondement de cette distinction. M. Blanc considère sans
doute celui qui exploite secrètement comme ayant une
sorte de faute à se reprocher ; il a préféré aux avantages
du brevet cette exploitation clandestine : il n'a pas voulu
faire profiter la société de sa découverte : la société l'en
punit en lui retirant sa protection. Or rien n'est moins vrai
que cette idée : la propriété du secret de fabrique est aussi
respectable que celle du brevet ; la société du reste la
protège en attribuant à l'inventeur des dommages et intérêts ; mais elle ne peut pas faire fléchir en sa faveur le
principe de la liberté du travail et lui concéder un monopole en échange duquel il n'a plus rien à offrir. La situation
du deuxième inventeur est donc identique à celle du premier, et rien ne justifie la faveur que lui accorde M. Blanc.
Concluons donc que l'invention divulguée frauduleusement cesse d'être nouvelle et que dès lors toute personne
peut en principe se prévaloir de la nullité du brevet soit
par voie d'action, soit par voie d'exception.

Il nous reste à voir si l'auteur ou le complice de la divulgation frauduleuse peut tirer profit de l'invention et l'exploiter. L'ouvrier infidèle peut-il invoquer la fraude qu'il a
commise, pour s'en faire un titre contre le breveté ? Ne
peut-on pas plutôt lui opposer l'adage : *Nemo auditur pro-
priam turpitudinem allegans ?* C'est dans ce second sens que
nous tranchons la question, et nous décidons, en conséquence, que le divulgateur ou son complice ne peut arguer
de la publicité donnée à l'invention pour faire prononcer la
nullité du brevet ou pour échapper aux poursuites en contrefaçon (1). Cette opinion est, du reste, admise par bon
nombre d'auteurs et notamment par MM. Rendu (p. 149),

____

(1) Paris, 10 mars 1856, *Ann. de la propr. ind.*, 1856, 217.

Bédarride (n° 396). Ce dernier ne développe même pas les motifs d'une solution qui lui paraît évidente.

On conçoit cependant que des objections assez graves puissent être adressées à ce système. Aussi M. Pouillet (1) hésite-t-il à trancher la question ; il fait remarquer que la divulgation est un fait dont les conséquences sont absolues. Si cette divulgation existe réellement, le brevet tombe dans le domaine public, il n'a plus aucune existence légale. « Comment dès lors concevoir que ce brevet, nul à l'égard de tous, resterait valable à l'égard d'un seul? Où trouvera-t-on dans la loi une pareille distinction? L'auteur de la fraude est assurément responsable de ses actes, et les tribunaux doivent se montrer sévères à son égard. Hors de là, il rentre dans le droit commun, et à défaut d'une disposition expresse qui n'existe pas, il ne peut seul être privé d'une faculté qui appartient au monde entier. » Cette objection ne doit pas nous arrêter. Il n'est pas besoin d'un texte formel de la loi pour réprimer la fraude; il est, en effet, conforme au droit commun que la fraude fait exception à tous les principes et qu'un délit ne peut jamais servir de fondement à un droit. Concluons donc que l'action en nullité ne peut être intentée par l'ouvrier infidèle et que la divulgation frauduleuse ne peut être opposée comme moyen de défense à une poursuite en contrefaçon intentée par le breveté.

Toutefois le révélateur frauduleux ne peut-il pas être appelé à profiter dans une certaine mesure de la nullité prononcée sur la demande d'autres personnes? Cela dépend de la nature du jugement qui prononce la nullité : si le brevet a été infirmé sur la demande d'une partie privée,

____

(1) M. Pouillet, n° 424.

l'auteur de la divulgation frauduleuse ne peut se prévaloir du jugement obtenu par le tiers parce que, conformément au droit commun, ce jugement ne profite qu'à celui qui l'a obtenu ; mais la solution est forcément tout autre si le ministère public a figuré au procès en nullité comme partie principale ou comme partie intervenante. Nous verrons plus loin que le jugemeut qui intervient alors a des effets absolus ; qu'il peut être invoqué par tout le monde. En pareil cas, le brevet inexistant à l'égard de tous ne saurait subsister à l'égard de l'auteur de la fraude. Ce dernier, poursuivi en contrefaçon, opposerait pour se défendre, non pas la fraude qu'il a commise et qui a fait tomber l'invention dans le domaine public, mais le jugement qui a prononcé la nullité absolue.

Il conviendrait d'ailleurs de réserver en ce cas au profit de l'inventeur le droit d'obtenir des dommages-intérêts pour la réparation du préjudice que la divulgation frauduleuse lui a causé ; mais, encore une fois, l'existence de ce droit entre les mains de l'inventeur ne peut paralyser le droit de l'auteur de la fraude qui se prévaut uniquement des effets absolus du jugement.

En résumé, la nullité pour défaut de nouveauté existe toutes les fois que l'objet du brevet est à la disposition du public avant le dépôt de la demande. Peu importent les faits constitutifs de la publicité, son étendue, la date à laquelle elle s'est révélée, le lieu où elle s'est produite, la personne de qui elle émane, les causes qui l'ont amenée. Sur tous ces points il peut se présenter dans la pratique des difficultés assez délicates, mais sur le principe même aucune controverse n'est possible. La protection que la loi assure aux inventeurs n'est acquise qu'au prix de la divulgation d'un secret utile à l'industrie ; cette divulgation est l'objet du

contrat passé entre l'inventeur et la société. Si donc le
secret n'existe plus pour une cause quelconque, le contrat
ne peut se former, faute d'objet.

Ce principe que l'invention doit être nouvelle pour être
brevetable, a été admis par les législations étrangères,
comme par la loi française. Il faut donc dans tous les pays,
pour trancher la question de nullité, comparer l'invention
qu'on veut faire breveter à toutes celles qui sont déjà dans
le domaine public. S'il n'y a pas identité avec l'une d'elles,
l'invention est brevetable ; s'il y a au contraire identité,
l'invention n'est pas nouvelle. Mais, au point de vue des
faits qui détruisent la nouveauté et entraînent la nullité,
les lois des différents pays ne sont pas identiques. En
France, nous venons de le voir, la loi pose un principe
général : une invention connue déjà, quel que soit le mode
de divulgation, dans quelque lieu que se soit opérée la publicité, ne peut faire l'objet d'un brevet valable. Cette
disposition de la loi française a un avantage considérable :
elle laisse au juge un grand pouvoir d'appréciation en ne
s'enfermant point dans les limites précises qu'il ne pourrait franchir. Le tribunal peut donc déclarer nul tout
brevet qui n'aurait pas, en échange de la protection accordée,
enrichi la société. Mais, d'un autre côté, il ne faut pas
oublier qu'elle supprime, en quelque sorte, la faculté
accordée aux étrangers par l'article 29 de prendre un
brevet en France quand ils en ont déjà obtenu un dans
un autre pays, si la loi de ce pays exige aussi une description complète et publique de l'invention objet du brevet.

Certaines lois étrangères, à ce double point de vue. ont
procédé différemment. Pour que les faits de publicité antérieure soient une cause de nullité, il faut, dans quelques

législations, qu'ils rentrent dans certaines catégories déterminées. Il faut de plus, dans d'autres lois, que ces faits de publicité aient été accomplis dans le pays même qui délivre le brevet. Si nous prenons la loi belge du 24 mai 1854 et la loi allemande du 25 mai 1877, nous voyons que l'une et l'autre exigent que les faits de publicité rentrent dans certaines catégories. La loi belge édicte sous ce rapport trois causes de nullité du brevet : 1° lorsqu'il sera prouvé que l'objet breveté aura été employé, mis en œuvre ou exploité par un tiers dans un but commercial avant la date légale de l'invention........ 2° lorsqu'il sera prouvé que la spécification complète et les dessins exacts de l'objet breveté ont été produits antérieurement à la date du dépôt dans un ouvrage ou recueil imprimé et publié....... 3° lorsque l'objet du brevet aura été antérieurement breveté en Belgique ou à l'étranger.

La loi belge fait, du reste, complètement abstraction du pays où a eu lieu la publicité. Elle a pensé avec raison que si l'invention était connue en pays étranger et non protégée par un brevet, ce serait placer l'industrie nationale dans une espèce d'infériorité vis-à-vis des autres nations, en délivrant un brevet pour cette invention. Faisons observer cependant qu'en Belgique, en ce qui concerne le brevet d'importation, lorsque la publicité n'a eu lieu qu'en vertu d'une prescription légale, elle n'atteint pas la validité de ce brevet d'importation.

La loi allemande, elle aussi, détermine deux cas dans lesquels le brevet est nul pour défaut de nouveauté. C'est : 1° lorsque l'invention a été décrite dans un imprimé publié en Allemague ou à l'étranger ; 2° quand elle a été publiquement exploitée sur le territoire allemand.

Cette loi, comme la loi belge, décrit donc certains faits de publicité qui entraîneront la nullité du brevet. Ces deux législations sont sujettes aux mêmes critiques. En dehors des faits formellement prévus, on peut rencontrer des actes, des faits qui porteront certainement atteinte au caractère de nouveauté que doit présenter l'invention. Néanmoins il faudra, dans ces cas, valider le brevet. Un tel résultat a paru irrationnel à M. Klostermann ; aussi cet auteur décide-t-il que l'énumération donnée par la loi allemande n'est pas limitative. Raisonner ainsi, c'est peut-être corriger la loi, mais c'est certainement aussi la violer. Quand une loi détermine un certain nombre de nullités, il n'est pas permis à l'interprète de les étendre à des cas non prévus. La même question peut se poser au sujet de la loi luxembourgeoise du 30 juin 1880, qui reproduit la disposition de la loi allemande que nous venons de citer.

Cette loi de 1877 se sépare encore de la loi française en ce que l'exploitation, pour porter atteinte à la validité du brevet, doit avoir eu lieu sur le territoire allemand ; une invention publiquement exploitée dans les pays voisins, mais non décrite dans un ouvrage imprimé, ne perd pas son caractère de nouveauté. Au contraire, peu importe que la publicité résultant de l'impression ait eu lieu ou non en Allemagne ; peu importe encore que cette publicité ait été volontaire ou non. On avait proposé dans le projet de décider que « les descriptions publiées officiellement à l'étranger ne seraient assimilées aux imprimés publiés que trois mois après leur publication. » C'eût été permettre de prendre en Allemagne, pendant un certain temps, un brevet valable pour une invention qui aurait déjà été brevetée en pays étranger, même quand la loi de ce pays exige la divulgation complète de l'invention lors de la demande du brevet. Cette disposition ne fut repoussée que pour engager les autres nations à entrer dans cette voie au moyen de conventions diplomatiques. C'est ce qui a eu lieu notamment dans un traité conclu entre l'Allemagne et l'Autriche-Hongrie, traité qui porte la date du 16 octobre 1878.

D'autres pays, enfin, exigent, pour qu'il y ait nullité, que les faits de publicité, quels qu'ils soient, aient eu lieu sur le territoire du pays qui donne le brevet.

Si nous avons rappelé ces quelques notions de législation étrangère, ce n'était qu'afin d'arriver à pouvoir les comparer à la loi française, et voir s'il n'y aurait pas lieu de modifier sur ce point la loi de 1844. Nous pensons qu'en règle générale la loi de 1844 doit être maintenue, et qu'il faut notamment conserver le principe qui exige la nouveauté, sans déterminer les faits qui détruiront ce caractère. Les controverses qui se sont élevées en Allemagne nous démontrent que le principe même de la loi de 1877 est mauvais.

Nous croyons qu'il faut encore conserver ce principe, que peu importe où ont eu lieu les faits de publicité. Si une invention est librement exploitée en pays étranger, elle fait partie du domaine public de l'industrie, et la breveter en France, ce serait faire de la protection au profit des étrangers.

Des idées législatives que nous avons rencontrées nous ne retiendrons qu'une seule, celle qui permet encore, pendant un certain temps après la publication officielle d'une invention, de prendre un brevet valable. Mais, comme en Allemagne, nous pensons que c'est là un point à régler par des conventions diplomatiques, afin d'assurer à nos nationaux en pays étranger la même protection que nous accorderions aussi aux étrangers qui viendraient, grâce à cette disposition, prendre un brevet valable chez nous.

2° *Défaut de caractère industriel.*

Pour qu'un brevet soit valable, il faut non seulement qu'il
y ait eu invention nouvelle, mais encore que cette invention ait un caractère industriel, c'est-à-dire qu'elle encou-
rage l'industrie, lui donne un essor nouveau, lui procure
une nouvelle occasion d'exercer son activité. La loi de
1844 est formelle à cet égard ; il suffit pour s'en convaincre de lire les articles 1 et 2, que nous allons du reste étudier plus loin.

Les découvertes scientifiques ne peuvent devenir l'objet
d'un brevet que si l'inventeur a indiqué une application
industrielle dont sa découverte est susceptible. Sans doute
les travaux scientifiques présentent une grande importance, sans doute c'est de ces travaux que proviennent la
plupart des inventions industrielles ; il pourrait donc sem-
bler étrange que le savant ou l'observateur n'obtiennent
pas comme rémunération de leurs services les mêmes avantages que ceux qui font une véritable découverte industrielle. Mais il ne faut pas oublier que la loi sur les brevets
n'accorde de protection au breveté qu'en échange de
l'avantage immédiat qu'il procure à la société, et cet avantage doit être pratique et effectif. « La loi, disait le rapporteur, est faite dans l'intérêt de l'industrie et non dans
l'intérêt de la science. Son domaine est dans la région des
faits et non dans celle des abstractions ; elle ne peut et ne
doit s'appliquer qu'à un objet matériel, saisissable, transmissible, ou à un procédé applicable déterminé, conduisant à un résultat industriel quelconque (1) ».

Le caractère industriel est un caractère fondamental du

____

(1) M. Huard, p. 239.

brevet ; il résulte de la nature des choses, et la loi n'avait pas besoin de prononcer la nullité, pour défaut de caractère industriel. Cette nullité, en quelque sorte essentielle, aurait été, comme dans la loi belge, suppléée à défaut d'un texte positif. La loi française ne s'est pas contentée d'exiger formellement ce caractère dans l'invention objet d'un brevet, mais elle est allée plus loin et a déterminé limitativement les causes de validité du brevet à ce point de vue. L'article 2 de la loi de 1844 considère comme susceptibles d'être brevetées : 1° l'invention de nouveaux produits industriels ; 2° l'invention de nouveaux moyens ; 3° l'application nouvelle de moyens connus pour l'obtention d'un résultat ou d'un produit industriels.

Toute découverte ou invention qui ne rentre pas dans l'une de ces trois catégories n'est pas brevetable, et si un brevet a été délivré, le tribunal devra en prononcer la nullité. Pour déterminer les différentes hypothèses dans lesquelles la nullité s'applique, nous n'avons donc qu'à indiquer les inventions qui présentent un caractère industriel, toutes les autres étant nécessairement nulles, comme ne présentant pas ce caractère.

Avant d'entrer dans les détails, il est nécessaire de définir auparavant ce qu'on doit entendre par la qualification d'*industriel* que la loi donne à tout objet susceptible d'être breveté. M. Renouard nous semble avoir donné une définition assez précise de ce qu'il faut entendre par cette expression. « Une invention, dit cet auteur, a le caractère industriel lorsqu'elle donne des produits que la main de l'homme ou les travaux qu'il dirige peuvent fabriquer, faire naître ou mettre en valeur, et de nature à entrer dans le commerce, pour être achetés ou vendus (1). » A

(1) M. Renouard, n° 57.

cette définition ne pourrait-on pas ajouter qu'une invention aura encore le caractère industriel quand, sans faire naître ou mettre en valeur des produits destinés à être vendus ou achetés, elle aura pour effet de permettre la conservation même de choses hors du commerce ? Ne pourrait-on pas dire ainsi qu'un procédé d'embaumement du corps humain peut faire l'objet d'un brevet, bien qu'il s'applique à une chose qui n'est pas dans le commerce. Remarquons avec M. Blanc que c'est le procédé seul qu'il faut envisager et non l'objet auquel il s'applique (1). Il nous paraît alors certain que le procédé d'embaumement est un objet de spéculation industrielle. M. Pouillet fait justement observer « qu'il y a résultat industriel à obtenir d'une manière pratique et pendant un long temps la conversation des cadavres, de façon, si l'on veut, qu'on puisse les transporter à de grandes distances, de façon encore qu'ils puissent servir aux recherches scientifiques, de façon enfin que les émanations putrides qui s'en dégagent soient arrêtées » (2).

La loi, dans l'article 1er, nous dit que toute nouvelle découverte ou invention *dans tous les genres d'industrie* peut être brevetée. Cependant on s'est demandé si les inventions agricoles sont brevetables: nous n'hésitons pas pour notre part à admettre l'affirmative. Le doute vient de ce que, dans le langage usuel, les expressions d'invention industrielle ne comprennent pas les inventions agricoles. Mais il ne faut pas oublier que le mot industrie est susceptible de deux sens différents : l'un restreint et qu'on oppose au commerce et à l'agriculture, l'autre beaucoup plus large et dans lequel on peut comprendre l'ensemble

(1) M. Blanc, n° 467.
(2) M. Pouillet, n° 10. — *Contra :* MM. Picard et Olin, n° 118 ; — Trib. correct. de la Seine, 14 mars 1844, *Gaz. des trib.*, 15 mars.

des travaux manuels de l'homme, quel que soit leur but.
Ainsi entendue, l'industrie comprend l'agriculture ou
industrie agricole ; c'est dans ce second sens très large que
cette expression a été employée par la loi de 1844, qui
s'applique aux inventions *dans tous les genres d'industrie*.
Cela résulte encore plus clairement de l'article 30. § 3, qui
nous démontre que le mot *industriel* répété plusieurs fois
par l'article 2, ne l'a été que pour écarter les brevets portant sur des principes, méthodes, systèmes, conceptions
purement théoriques.

Sans doute un grand nombre d'inventions ou de découvertes relatives à l'agriculture ne pourront pas être brevetées. Mais c'est uniquement parce que beaucoup d'entre
elles porteront sur des produits naturels ou sur des qualités personnelles de tels ou tels individus, et nous verrons
que de semblables découvertes, même dans le domaine de
l'industrie proprement dite, ne sont point protégées par la loi.
Nous dirons donc que les inventions agricoles sont breveta_
bles quand elles réunissent les conditions exigées en général par la loi sur les brevets (1). Il nous paraît impossible
de distinguer avec certains auteurs (2) entre les organes
ou instruments brevetables parce qu'ils sont fabriqués par
l'industrie et les procédés agricoles. Il est bien vrai que le
procédé étant un mode d'opérer et n'ayant rien de matériel, n'a pu être fabriqué par l'industrie ; mais il en est de
même du procédé industriel ordinaire. Il suffit que le procédé s'applique à une industrie et tel est, au point de vue
de la loi de 1844, le caractère de l'agriculture, qui mérite,
elle aussi, la protection du législateur.

(1) Consulter sur ce point l'article de M. Lyon-Caen paru dans
le journal la *Propriété industrielle* du 15 janvier 1880.
(2) MM. Picard et Olin, n° 124. — M. Dillière, n° 31.

Pour que le brevet ait pour objet un produit industriel ou un moyen conduisant à un résultat industriel, il est nécessaire que l'invention produise un effet utile, qu'elle ne soit pas impraticable. Si la découverte, telle qu'elle résulte du brevet, ne pouvait être mise en pratique par ceux qui s'occupent de cette industrie, s'il ne s'agissait que d'une découverte de laboratoire, il y aurait bien une invention scientifique, mais il n'y aurait pas, au point de vue du législateur de 1844, un travail produisant un avantage immédiat et sérieux à la société. Il ne serait donc pas juste de délivrer un brevet valable. Cette invention pourra dans la suite devenir industrielle quand elle aura été perfectionnée; et alors seulement elle sera protégée. Mais il ne faudrait pas aller trop loin: l'invention est brevetable quoique le mécanisme soit encore imparfait, bien qu'elle ne produise pas encore tous les avantages qu'elle est susceptible de donner, pourvu qu'elle procure un avantage industriel. Il appartient aux tribunaux d'apprécier chaque fait. S'il en était autrement, on annulerait beaucoup de brevets, car il est bien rare que l'invention soit complète au moment où le brevet est obtenu. Les inventeurs, grâce à notre système, peuvent faire breveter des essais déjà utiles et s'assurer la protection de la loi, qui sera pleinement efficace lorsque l'invention aura atteint son perfectionnement.

La première des inventions industrielles, d'après l'article 2, c'est le nouveau produit. Le produit peut être défini un corps certain, déterminé, matériel, ayant une forme et des caractères spéciaux et distincts et surtout ayant une valeur en soi et non pas seulement comme moyen d'atteindre un but. Ainsi défini, le produit peut être breveté s'il est industriel, c'est-à-dire susceptible d'être employé dans l'industrie. Il est, du reste, à cet égard difficile de poser une règle précise, un critérium certain ; c'est là une question de fait laissée à l'appréciation des tribunaux. Le législateur s'est contenté de poser une règle générale en laissant au juge le soin d'en faire les applications dans les nombreuses hypothèses qui peuvent se présenter.

Quand il s'agira d'apprécier la brevetabilité d'un produit, on pourra sans doute examiner quels sont les modes employés à sa production, et cette étude pourra avoir une certaine influence sur le caractère industriel du produit. Mais il ne faut pas perdre de vue que le produit est brevetable en lui-même, pourvu qu'il soit nouveau, indépendamment de la nouveauté des moyens employés pour sa fabrication. De là il peut arriver que, relativement à un même objet, deux brevets soient obtenus, l'un garantissant le produit, l'autre, le moyen employé pour l'obtenir, si ce moyen présente lui-même tous les caractères de brevetabilité : ces deux brevets coexistant l'un à côté de l'autre sans que la nullité ou déchéance de l'un puisse atteindre l'autre.

D'un autre côté, les services que rendra le produit, l'emploi qui en sera fait auront aussi leur importance au point de vue qui nous occupe. Mais le produit peut être susceptible d'une exploitation industrielle, même quand son mode d'emploi n'aura lui-même rien d'industriel : par exemple, un appareil mécanique (une ceinture orthopédique) pourrait être breveté bien que cet appareil doive servir à un traitement médical qui, n'étant point objet d'industrie, ne peut devenir matière d'un brevet. Il ne faut pas confondre le traitement médical, la manière de se servir de l'appareil, qui n'est point brevetable, avec l'appareil lui-même, ses combinaisons et son mode de construction, qui peuvent être l'objet d'un brevet (Cass., 1853, Sirey, 1853, 1,264).

Les produits naturels sont-ils brevetables ? En principe, il faut répondre négativement, par la raison que ces produits n'émanent pas de l'industrie humaine. « Ce que la loi a voulu protéger, disent MM. Picard et Olin, ce sont les combinaisons de l'activité humaine. Elle n'a pu vouloir donner à l'homme une récompense pour ce que la nature seule avait produit. On peut donc poser en règle générale qu'il n'y a de choses brevetables que celles où l'activité humaine entre comme élément (1). » On ne peut concevoir qu'un produit naturel que nul n'avait découvert jusqu'alors, mais qui existait dans la nature confondu avec d'autres corps, puisse être confisqué par celui qui a eu la chance, de le rencontrer le premier et qui même a reconnu ses propriétés et discerné ses caractères propres. Ainsi la découverte d'un sel nouveau ou d'un minerai quelconque, ou généralement la découverte de ce qui constitue une matière première, n'est pas brevetable (2).

Toutefois si le produit de la nature n'est pas susceptible d'être breveté, il n'en est pas de même de ses applications, et nous pensons avec M. Pouillet que l'utilisation en vue d'un résultat industriel d'un produit de la nature constituerait une découverte brevetable : ainsi, par exemple, l'application de terres spéciales pour fabrication de poteries, l'emploi du phosphate de chaux comme engrais sont brevetables, parce que, dans ces cas, les propriétés du produit naturel ont été utilisées en vue d'un résultat industriel déterminé ; le vœu de la loi est donc accompli.

(1) MM. Picard et Olin, n° 94.
(2) Paris, 21 fév., 1861, *Propr. ind.*, n° 172. — Cass., 2 fév. 1863, Dalloz, 1863, 1, 251.

Du produit il faut nécessairement rapprocher le résultat industriel. Ils se ressemblent tous deux en ce sens que le résultat est aussi un effet comme le produit ; mais c'est un effet d'un tout autre ordre : il représente la somme des avantages auxquels on peut être conduit dans tel ou tel genre de fabrication. Le résultat s'entend de tout ce qui concerne la quantité, la qualité, les frais de production. Ce sont là des faits qui ne se présentent pas sous l'apparence d'un objet matériel, tangible, pouvant être livré à la consommation. Préserver un appareil en fer des effets de l'oxydation, empêcher les dépôts de calcaire sur les parois d'une chaudière, augmenter la portée d'une arme à feu, rendre le chargement plus rapide, sont des résultats industriels.

Le produit et le résultat sont donc en eux-mêmes choses essentiellement distinctes. Ajoutons que dans notre matière des brevets il est très important de ne pas les confondre. Le produit industriel nouveau est toujours brevetable, le résultat en lui-même, suivant nous, ne l'est jamais. Sans doute le résultat industriel sera atteint par un moyen nouveau, un procédé qui, en tant que moyen, pourra être l'objet d'un brevet, mais le résultat reste toujours un but que chacun peut chercher à atteindre. Cela résulte de ce que la loi ne fait nulle part mention du résultat comme pouvant être la matière d'un brevet. Il n'y a d'invention brevetable, même dans l'industrie, que celle qui rentre dans l'une des trois classes indiquées par l'article 2 : produits, moyens et application nouvelle. Cette solution est du reste impérieurement réclamée par les exigences du progrès industriel. Celui qui a obtenu telles ou telles améliorations a fait faire sans doute un progrès à l'industrie, mais il ne peut revendiquer que les modes employés, et chacun reste libre d'arriver au même résultat par des moyens différents, qui sou-

vent apporteront une perfection nouvelle, une économie
considérable. L'inventeur est suffisamment protégé par le
droit exclusif que la loi lui accorde sur les moyens ou
procédés qu'il a découverts et qui seuls constituent son
œuvre personnelle et doivent en conséquence être seuls sa
propriété.

L'invention de nouveaux moyens est le second objet
brevetable aux termes de la loi 1844. On entend par
moyens les agents, les organes, les procédés qui conduisent
à l'obtention d'un résultat ou d'un produit. L'invention de
moyens nouveaux est avantageuse à la société, au même
titre que l'invention de nouveaux produits ou de nouveaux
résultats. Il pourra bien se faire que ces nouveaux moyens
de production viennent à un moment donné causer un
dommage quelquefois considérable à une classe nombreuse
de la société, qu'elle prive de son travail ordinaire. Tel a
été l'effet de l'invention des métiers mécaniques, à l'encontre des tisserands ; telle encore a été l'influence des
chemins de fer sur ceux qui se livraient au transport des
marchandises au moyen des voitures publiques. Qui cependant oserait dire qu'au point de vue social proprement
dit l'invention de ces moyens nouveaux de tissage ou de
transport n'ait pas été d'une grande utilité? Donc ces
sortes de découvertes, quand elles produisent un avantage
industriel, doivent être protégées au moyen d'un brevet.
La Cour de cassation a jugé récemment que le moyen
nouveau était brevetable, sans que l'on ait à tenir compte
du peu d'importance de la découverte (1). Cette solution est
conforme au texte de la loi. Dès lors que les conditions
exigées se rencontrent, les tribunaux n'ont pas à se préoc-

(1) Cass., 24 mai 1881, Dalloz, 1881, 1, 455.

cuper de la faible importance de l'invention, du peu d'efforts qu'elle a pu coûter. Toutes ces appréciations sont interdites par l'article 1ᵉʳ, qui accorde un droit exclusif à l'auteur de toute invention nouvelle dans quelque genre d'industrie que ce soit. Cela était, du reste, commandé par la raison même, car une découverte peu importante au moment où elle est faite peut devenir d'une importance considérable par suite des progrès de l'industrie. Ces différentes questions d'utilité et d'efforts nécessités par l'invention ne se présenteront que quand il s'agira de régler le montant des dommages-intérêts en cas de contrefaçon.

La troisième catégorie d'inventions brevetables est l'application nouvelle de moyens connus. Appliquer d'une manière nouvelle, c'est appliquer des moyens connus pour obtenir des résultats différents de ceux qui avaient été obtenus jusque-là par l'application des mêmes moyens. Il n'est pas nécessaire que le résultat soit nouveau ; l'invention serait brevetable si le résultat obtenu ne pouvait l'être auparavant que par des moyens différents de ceux indiqués au brevet. Il faut toutefois éviter de confondre avec l'application nouvelle l'emploi nouveau d'un moyen connu pour arriver au résultat qu'il pouvait déjà produire dans une autre matière. Cette substitution d'une matière à une autre, quand elle n'exige aucune modification de l'objet employé, ne rend aucun service à l'industrie et partant n'est point brevetable. Il en serait ainsi alors même que l'emploi nouveau exigerait une intelligence et des soins particuliers, parce qu'il aurait pour objet des choses d'une dimension plus grande ou d'une nature plus fragile (1).

(1) Trib. de la Seine, 8 janv. 1878, *Ann. de la propr. ind.*, 1878, 90.

Le procédé de fabrication est, en effet, bien différent de la manière d'en user. Chacun est libre d'employer à sa guise un procédé connu pour obtenir un résultat plus complet : celui qui arrive le premier à ce résultat ne jouit d'aucun privilège. « Est-il admissible, disent MM. Picard et Olin, que la loi ait voulu breveter comme procédés les qualités personnelles des individus ? Cela répugne évidemment et il y aurait quelque chose de contraire aux bonnes mœurs à défendre à un homme d'être aussi habile, aussi intelligent que son voisin dans la confection d'un produit (1). »

La combinaison nouvelle d'éléments connus n'est qu'une variété de l'application nouvelle de moyens connus. La plupart des inventions ne sont que la résultante de deux ou plusieurs inventions précédentes. Il arrive souvent qu'un inventeur en employant concurremment deux [procédés connus, obtienne plus vite et plus facilement le résultat qu'on cherchait auparavant à atteindre en employant chacun des procédés séparément. Il y a là une découverte brevetable.

Peu importe qu'il y ait eu combinaison ou union plus ou moins étroite par un lien matériel des différents éléments ; peu importe même qu'ils restent complètement séparés pourvu que tous les éléments concourent dans un ordre défini à un résultat déterminé (2). Cela résulte de la nature même du brevet. « Un brevet, dit M. Nouguier, forme un tout indivisible, et le plus souvent l'application consiste dans la juxtaposition d'éléments qui n'avaient pas été soudés l'un à l'autre et qui, par conséquent, ne procuraient

(1) Picard et Olin, n° 89.

(2) Paris, 29 décembre 1859, *Ann. de la propr. ind.*, 1860, 74.

pas les mêmes résultats ou les procuraient à un degré inférieur (1). »

La loi ne parle pas de l'application nouvelle d'un produit
connu, mais il est évident qu'il y a là également matière à
brevet. Le législateur s'est référé aux cas les plus habi-
tuels, mais on peut concevoir un produit qui, employé
d'abord à un usage, soit ensuite employé à un usage différent du premier. Il pourra y avoir là découverte industrielle et partant brevetable.

Après avoir parcouru les différentes catégories d'objets
nouveaux appliqués à l'industrie et qui sont susceptibles
d'être valablement brevetés, il nous reste encore à examiner une difficulté qui a été soulevée par la doctrine.

Le législateur, dans l'article 30, prononce la nullité des
brevets portant sur des principes, méthodes, systèmes,
découvertes ou conceptions théoriques ou purement scientifiques, dont on n'a pas indiqué les applications industrielles. Nous avons justifié plus haut cette disposition ; il
convient maintenant d'en délimiter la portée. Un brevet
qui ne mentionnerait qu'un principe abstrait, une loi scientifique, serait certainement nul. Mais, tout en mentionnant
cette loi ou ce principe, le breveté a pu en tirer lui-même
et indiquer dans son titre certaines applications pratiques.
Cela suffit pour que la nullité du brevet ne soit pas prononcée. L'application pratique de l'idée théorique, fût-elle
même très minime, est garantie pendant la durée du brevet
à celui qui est l'inventeur ; lui seul pourra fabriquer l'objet
breveté. Mais faut-il aller plus loin et dire que le brevet
garantit non seulement cette application spéciale, mais
encore l'idée théorique dont on n'a indiqué qu'une seule

(1) M. Nouguier, n° 412.

application, et que, par conséquent, personne, pendant la durée du brevet, ne pourra faire d'autres applications de ce même principe en dehors de celle qui est indiquée ? Certains auteurs, entre autres M. Blanc, ont soutenu qu'il y avait là un brevet appelé en pratique un *brevet de principe*, et valable dans toute l'étendue du principe. « L'article 30, dit M. Blanc, suppose la validité des brevets de principe, puisqu'il n'en prononce la nullité qu'autant qu'ils ne contiennent pas l'indication d'une application industrielle (1).»

Nous ne croyons pas que ce système soit exact, et il nous paraît contraire tout à la fois à l'esprit de la loi et à son texte. Pourquoi le législateur a-t-il déclaré non brevetables les conceptions théoriques? parce qu'elles ne procurent pas un avantage immédiat à la société, parce que surtout elles ne donnent pas naissance à un objet qui soit susceptible d'appropriation privée, comme un produit ou un procédé qu'on emploie. Les mêmes raisons nous conduisent à annuler les brevets de principe. Sans doute, dans ces brevets il y a une application industrielle susceptible d'appropriation, mais le principe en lui-même est en dehors du commerce et ne peut être confisqué à son profit par celui qui l'a découvert. Un tel système arriverait à paralyser l'esprit de recherche et à tarir la source des inventions industrielles, puisque l'inventeur n'aurait pu recueillir le bénéfice de ses travaux. « Supposez, par exemple, dit M. Pouillet, qu'Œrsted, en même temps qu'il découvrait l'action des courants électriques sur l'aiguille aimantée, eût eu l'idée de breveter l'application aux sonnettes d'appartement, il eût pu du même coup s'opposer à l'établissement de tous les genres de télégraphes électriques comme

(1) M. Blanc, p. 459.

aussi des diverses machines fonctionnant à l'aide de l'électricité (1). »

La loi défend directement de prendre un brevet pour une idée purement théorique ; il est évident qu'il n'est pas permis de la violer indirectement en prenant un brevet pour une idée théorique encore, mais en ayant soin d'indiquer une seule application industrielle même peu importante. On objecte que l'article 30 n'annule que le brevet dans lequel on n'a indiqué aucune application industrielle. Cela est vrai, et l'article 30 ne pouvait pas faire autrement. Le brevet est valable, mais valable seulement pour l'application industrielle indiquée.

Bien entendu, c'est dans le brevet lui-même que doit être indiquée l'application industrielle de l'invention autrement il eût été trop facile au breveté de revendiquer après coup le bénéfice d'une application qu'il n'aurait même pas entrevue lors de la prise de son brevet. La loi veut, en échange des avantages qu'elle confère au breveté, que celui-ci lui fasse connaître toute son invention et ses applications possibles ; elle ne doit protéger que celles qui sont indiquées.

Dans toutes les législations comme dans la loi française, le caractère industriel de l'invention est une condition essentielle de la validité du brevet. Nous avons démontré la raison d'être de ce principe ; il nous suffit maintenant de le constater et de dire qu'il existe partout. Mais les législations diffèrent dans le mode qu'elles ont employé pour établir cette condition.

Dans la loi française, l'article 30 déclare nul tout brevet dans lequel on n'a pas indiqué une application industrielle, et l'article 2 de la loi avait déjà déterminé, nous l'avons

______

(1) M. Pouillet, n° 60.

vu, trois catégories différentes d'inventions qui seraient brevetables si elles possédaient ce caractère.

Dans d'autres législations, au contraire, la loi ne prononce point expressément la nullité du brevet pour défaut de caractère industriel. Mais les unes, comme la loi allemande, déclarent que l'invention, pour être brevetable, doit être susceptible d'une application industrielle. Si ce caractère fait défaut, on pourra s'opposer à la délivrance du brevet, et si le brevet a été délivré, on pourra faire prononcer la nullité en vertu de ce principe écrit dans la loi de 1877, que tout brevet dont l'objet n'est pas brevetable, pour quelque cause que ce soit, doit être déclaré nul. Dans d'autres, on ne prononce pas de nullité d'une façon spéciale comme dans notre loi, ou par une clause générale, comme dans la loi allemande, mais ce caractère est essentiel, et cela résulte, dans la législation belge, par exemple, de l'esprit même de la loi, et des termes de l'article 1er, qui décide qu'il pourra être pris un brevet pour toute découverte susceptible d'être exploitée comme objet *d'industrie* ou de commerce.

3° *Caractère illicite de l'invention*.

Certains objets, bien que réunissant toutes les conditions requises par la loi au point de vue de la nouveauté et du caractère industriel, ne sont pas cependant susceptibles d'être brevetés.

L'article 30, § 4, prononce la nullité du brevet, « si la découverte, invention ou application est reconnue contraire à l'ordre ou à la sûreté publique, aux bonnes mœurs ou aux lois. »

D'un autre côté, l'article 3 déclare non susceptibles d'être brevetés : 1° les compositions pharmaceutiques ou remèdes de toute espèce ; 2° les plans et combinaisons de crédit ou de finances.

Nous allons passer successivement en revue les trois hypothèses prévues par les deux articles.

1° *Invention illicite ou immorale.* — C'est l'article 30, § 4, disions-nous, qui prononce la nullité du brevet pris pour une semblable invention. Or il faut reconnaître que sa disposition est assez inutile. Elle n'est, en quelque sorte, que la consécration des principes généraux du droit : en effet, offenser les mœurs, violer la loi, troubler l'ordre ou compromettre la sûreté publique, ne sont-ce pas là des actes interdits par le droit commun ? et cela ne suffisait-il pas pour faire annuler le brevet frauduleusement obtenu par une coupable dissimulation.

De même la loi ajoute dans ce même article que la nullité sera prononcée sans préjudice des peines qui pourraient être encourues pour la fabrication ou le débit d'objets prohibés. Était-il besoin de s'exprimer formellement à cet égard ? Est-ce que le fait qu'un individu aura pris un brevet pour un objet prohibé rendra la fabrication et le débit de cet objet moins coupables ? En aucune façon ; et le tribunal correctionnel de la Seine a jugé avec raison le 20 mars 1840 (1) que le délit résultant de la fabrication ou de la vente d'une arme prohibée peut et doit être poursuivi contre l'individu qui aurait pour cette arme même obtenu un brevet.

Quoi qu'il en soit, il importe de bien déterminer le caractère de la disposition de la loi : il faut bien se garder de

____

(1) Jugement rapporté par M. Renouard dans son *Traité des brevets d'invention,* p 297.

confondre l'invention illicite et l'exploitation illicite de l'invention. Pour décider du sort du brevet, c'est à la nature de l'objet et non au caractère de l'exploitation qu'on doit s'attacher. Or l'exploitation d'un brevet peut très bien constituer un fait illicite sans pour cela que l'objet du brevet lui-même soit contraire à la loi. Ainsi un individu invente un instrument de chirurgie ; ce n'est pas une invention illicite : par conséquent elle sera brevetable. Mais si l'inventeur qui n'a pas les titres nécessaires pour exercer la chirurgie use de cet instrument, il y a là exploitation illicite ; il sera passible des peines prononcées par la loi spéciale. Ou bien encore un individu invente une machine à triturer le tabac : cette invention est licite et le brevet obtenu sera valable. Mais à raison du monopole réservé à l'État, si cet inventeur se servait de cette machine, il commettrait un délit, car l'exploitation serait illicite.

Cette distinction établie, il en résulte qu'il est difficile de concevoir une découverte industrielle qui soit contraire à l'ordre ou la sûreté publique.

Quant aux inventions contraires aux bonnes mœurs, nous n'avons rien à en dire. Il semblerait même que la disposition les concernant dût être absolument dénuée d'utilité. Cependant il paraît qu'en 1868 les tribunaux ont eu à l'appliquer (1).

Cette cause de nullité ne se trouve pas seulement dans la loi française ; on la rencontre aussi dans quelques autres lois, comme la loi russe et la loi autrichienne. La première dit d'une manière générale « qu'il ne sera point accordé de privilège pour des inventions qui peuvent devenir préjudiciable à la société » ; la seconde, « que des brevets ne

____

(1) M. Pouillet, n° 81.

pourront être obtenus pour des découvertes dont l'exploitation est inadmissible par des raisons de morale ou de sûreté publique ou qui sont contraires aux lois de l'État. » Toutefois les législateurs en général ont pensé qu'il était superflu de s'expliquer formellement à cet égard : ainsi ni le législateur allemand, ni le législateur belge n'ont mentionné cette cause de nullité. Il est bien évident néanmoins que dans ces deux pays, si un brevet était obtenu pour un objet illicite, la nullité pourrait en être demandée.

2° *Compositions pharmaceutiques.* — L'article 3 de la loi de 1844 déclare non brevetables, avons-nous dit, les compositions pharmaceutiques et remèdes de toute espèce ; et l'article 30 sanctionne énergiquement cette disposition. Ainsi, non seulement quand un brevet est demandé pour un remède, le ministre de l'Agriculture et du Commerce doit rejeter la demande, mais quand en fait un brevet a été délivré pour un remède quelconque, la nullité peut être demandée par tous les intéressés. Nous rencontrons donc ici à la fois le système préventif et le système répressif. Pourquoi ces dispositions ? Le législateur semble s'être déterminé par deux motifs. Si le remède est utile à la santé publique, il convient, s'est-il dit, que tout le monde puisse en profiter et l'employer immédiatement sans être obligé pour l'acquérir de payer un prix trop considérable. Si c'est un remède de charlatan, il est utile d'en empêcher la mise en vente, l'emploi de ce remède étant de nature à nuire à la santé des citoyens.

Ces raisons ne sont pas satisfaisantes. On aurait pu songer à un autre moyen pour protéger la santé publique. On aurait pu, par exemple, appliquer ici le principe de l'expropriation pour cause d'utilité publique, moyennant une juste et préalable indemnité, et ainsi on aurait, par une compensation équitable, mis d'accord les intérêts de la société et ceux nons moins respectables de l'inventeur au lieu d'enrichir le domaine public au préjudice de ce dernier.

Quant au second motif, on peut dire que la disposition n'atteint pas le but proposé. Les charlatans se passent fort bien des brevets pour tromper le public. Et le brevet, croyons-nous, loin de protéger le charlatanisme, serait de nature à l'atteindre, en restreignant son domaine. Admettre la brevetabilité des produits pharmaceutiques serait, à notre avis, rendre service aux pharmaciens qui inventent des remèdes utiles à la santé publique, et atteindre du même coup les charlatans. En effet, le pharmacien breveté ne manquerait pas de demander et obtenir la nullité d'un brevet qui n'aurait aucune valeur réelle et ne serait qu'une arme dangereuse entre les mains de ceux qui cherchent à abuser de la crédulité publique.

Quoi qu'il en soit, nous devons indiquer la portée de la disposition de l'article 3, et montrer dans quels cas elle s'applique. Que doit-on entendre par compositions pharmaceutiques ? Il résulte de l'exposé des motifs et de la discussion, dans les deux chambres, qu'on doit entendre par là toutes préparations destinées à la guérison des maladies, soit pour les hommes, soit même pour les animaux. Peu importe que ces remèdes soient propres à un usage interne ou externe. Du reste, ces mots « ou remèdes de toute espèce » donnent à la définition un caractère général et absolu. Toutefois, il ne faut pas perdre de vue que la prohibition édictée par l'article 3 est une exception à la règle qui permet de breveter tous les produits industriels. L'article 3 contient une disposition restrictive du droit commun, et, par conséquent, il ne doit pas être appliqué au delà de ses termes précis et formels. Nous dirons donc que si les compositions pharmaceutiques ne sont pas brevetables, il ne s'ensuit pas que les procédés à l'aide desquels on les obtient ne puissent être valablement brevetés. Ainsi l'idée de renfermer des médicaments dans les capsules gélatineuses était connue et depuis longtemps exploitée quand, en 1846, les docteurs Lavalle et Clertan se firent breveter pour un appareil dit *capsulier*, destiné à fabriquer beaucoup de capsules à la fois. Ce capsulier ayant été imité, la poursuite en contrefaçon fut accueillie et consacrée par la justice (1). Et ce que nous disons d'un procédé de fabrication, nous le dirions également d'un appareil mécanique, d'un instrument destiné à un traitement quelconque. C'est, du reste, ce qui est admis unanimement par la jurisprudence et les auteurs (2).

Il est des produits qui peuvent non seulement servir de de remèdes, mais encore peuvent être employés à un autre titre dans l'industrie. Devons-nous les considérer comme non brevetables? Non ; de ce qu'un produit possède une vertu médicinale, ce n'est pas une raison pour lui enlever son caractère industriel et pour en rejeter l'exploitation exclusive. Il faut ici distinguer: le produit sera brevetable en tant que produit employé dans l'industrie ; mais, considéré comme produit pharmaceutique, il ne le sera pas. Ainsi une personne a découvert un produit de nature à être employé dans l'industrie; elle a demandé et obtenu un brevet. Quelque temps après, je découvre que ce produit

(1) Voir en ce sens un arrêt de la Cour de Paris du 23 août 1866, *Ann. de la propr. ind.*, 1867, 337.

(2) M. Nouguier, 551. — M. Bédarrides, n° 89. — Cass., 30 mars 1853, Sirey, 1853, 1, 264.

peut servir à certains usages médicaux. Le brevet précédemment concédé sera-t-il retiré? Évidemment non; ce que la loi a voulu empêcher, c'est que l'on entravât l'art de guérir par le monopole des médicaments, cause ordinaire de la rareté et de la cherté de ces médicaments. Par conséquent, quiconque voudra fabriquer le produit en question afin de l'employer comme remède, en aura le droit; mais pour tous les autres cas, le brevet sera valable : quiconque fabriquera le produit pour l'industrie sera contrefacteur. Il pourra parfois être difficile de savoir s'il y a eu fabrication pour la médecine ou pour l'industrie : les tribunaux apprécieront.

La loi française n'est pas la seule qui refuse d'accorder des brevets pour les remèdes; nous pouvons citer, à titre d'exemple, la loi autrichienne du 25 août 1852 plus rigoureuse encore, et qui déclare non brevetables même les compositions d'aliments et de boissons. La loi belge également est plus générale que la loi française; d'après cette loi, les inventions qui touchent à la salubrité publique, telles que les remèdes, compositions médicamenteuses et généralement tous les moyens préservatifs et curatifs qui intéressent la santé ou la vie des hommes ne peuvent être brevetés. Enfin, la loi allemande va encore plus loin; aux produits pharmaceutiques, aux produits alimentaires qu'elle déclare non brevetables, elle ajoute les produits chimiques. Le législateur allemand a craint que la fabrication des matières colorantes ne fût monopolisée par l'effet des brevets au détriment d'une industrie très considérable en Allemagne (1).

3° *Plans de finances.* — L'article 3 proscrit les plans et

______

(1) Étude de M. Lyon-Caen sur la loi allemande de 1877, p. 11.

combinaisons de crédit ou de finances au même titre que
les compositions pharmaceutiques. C'est là, il faut l'avouer,
une disposition tout à fait inutile, attendu qu'un plan de
finances ne peut guère être considéré comme un objet industriel. Aussi les lois étrangères ne l'ont-elles pas repro-
duite.

On explique cette disposition en disant que le législateur n'a pas voulu que l'État pût jamais être à la discrétion d'un financier qui découvrirait un mode d'organiser et
de diriger les finances. Elle s'explique bien plutôt, croyons-
nous, par l'historique de la législation sur les brevets. La
loi de 1792 n'avait pas prévu ces sortes d'inventions et
comme elle n'avait pas édicté la nullité des brevets pour
défaut d'applications industrielles, un grand nombre de
brevets furent délivrés pour plans financiers de toute sorte
(tarifs pour remboursement de droits féodaux, bureaux de
garantie pour les assignats), etc..... A cette époque, chacun
avait son plan pour rétablir le crédit de l'État et relever
les finances publiques. C'est alors que, pour arrêter le débor-
dement de ces utopies, le législateur crut devoir intervenir.
La loi du 20 septembre 1792, qui fut le dernier acte de l'Assemblée législative, décréta l'abolition de ces brevets et les
interdit pour l'avenir. Cette prohibition a passé dans la
loi de 1844, où elle ne présente aucun intérêt. L'application
de cette disposition ne soulève donc pas de questions intéressantes. Disons toutefois qu'ici encore, comme lorsqu'il
s'agit de combinaisons pharmaceutiques, nous rencontrons
à la fois le système préventif et le système répressif.
Le ministre doit rejeter toute demande de brevet qui lui
est adressée pour plan de finances, et si le titre le trompe
et qu'il accorde le brevet il peut agir par voie principale
et faire prononcer la nullité de ce brevet.

II. — NULLITÉS TENANT A LA FORME

Le législateur détermine dans l'article 5 les formalités dont l'observation est nécessaire pour l'obtention d'un brevet. Deux actes sont exigés : l'un contenant la demande au ministre de l'Agriculture et du Commerce, l'autre contenant la description de l'invention. Nous n'avons pas ici à rechercher quelles sont les formes de ces actes.

En général l'oubli des prescriptions édictées par l'article 5 expose seulement l'inventeur à voir sa demande rejetée par le ministre. Toutefois parmi les conditions requises pour la régularité de la demande ou de la description, trois sont prescrites à peine de nullité : « Le brevet sera nul, dit l'article 30, § 6, si la description n'est pas suffisante pour l'exécution de l'invention ou si elle n'indique pas d'une manière complète et loyale les vrais moyens de l'inventeur. » Voilà pour les vices de la description. Quant aux vices de la demande elle-même, ils n'entraînent la nullité que dans un seul cas prévu par l'alinéa 5 de l'article 30. « Le brevet est nul si le titre sous lequel il a été demandé indique frauduleusement un objet autre que le véritable objet de l'invention. »

Nous allons étudier séparément ces trois causes de nullité.

1° *Description insuffisante.*

L'inventeur qui veut prendre un brevet, doit, aux termes de l'article 5 la loi de 1844, déposer en même temps que la demande « une description de la découverte, invention ou application faisant l'objet du brevet demandé », et en outre « les dessins ou échantillons qui seraient nécessaires pour l'intelligence de la description ». On comprend aisément que la loi ne se contente pas d'une simple énonciation de l'invention dans la demande ; cette énonciation ne permettrait pas d'exécuter la découverte après l'expiration du brevet. Il faut aussi que les industriels sachent exactement ce qu'il leur est défendu d'exécuter sous peine de contrefaçon. Pour atteindre ce but, l'inventeur doit révéler au public les moyens de fabrication et ne rien cacher à la société des avantages qu'il a promis.

Le législateur a attaché une sanction rigoureuse à l'inobservation de ces prescriptions, mais c'était la seule possible, puisque dans notre législation la délivrance des brevets est faite sans examen préalable. Ajoutons qu'elle est à la fois rationnelle et juste : le brevet, nous l'avons dit, est un contrat entre la société et l'inventeur ; comme tous les contrats, il doit s'imposer aux parties ; on ne concevrait pas que la société fût tenue de l'exécuter, alors que de son côté l'inventeur se permet de le violer : il ne faut pas que ce dernier soit rémunéré quand il ne donne rien en retour.

Mais quand doit-on réputer la description insuffisante ? Nous dirons d'une manière générale que la description est insuffisante toutes les fois qu'elle n'est pas conçue de manière à mettre le public en état d'exécuter l'objet breveté. Or cela ne se produira pas seulement quand l'inventeur aura omis d'indiquer ses procédés : il se peut fort bien que l'insuffisance tienne à l'excès dans la description. Ainsi voilà une personne qui, pour parvenir à un certain résultat, doit effectuer telles et telles manipulations. Dans sa description, non seulement elle indique ces opérations qui sont indispensables, mais elle en indique d'autres encore, ce qui sert uniquement à compliquer et finalement empêche d'atteindre le résultat cherché. En pareil cas,

on peut dire que la description est tout aussi insuffisante
que si l'inventeur avait négligé d'indiquer une opération
indispensable. La question à se poser est donc celle-ci ; le
public est-il à même d'exécuter l'invention ? Si l'exécution
de l'invention est possible, le brevet sera valable ; dans le
cas contraire, la nullité pourra être prononcée. Et quand
nous disons « le public » nous entendons par là les spécia-
listes, les gens du métier ; il n'est pas nécessaire que la description soit intelligible pour tout le monde, même pour les
personnes étrangères à l'industrie à laquelle l'invention
s'applique, ce serait souvent impossible. Il suffit, et c'est ce
qu'exprime le rapporteur à la Chambre des pairs, « que
la description soit suffisante pour rendre l'exécution possible à un simple ouvrier, s'il s'agit de choses de sa compétence, ou à un homme de l'art, s'il s'agit d'objets qui
l'excèdent et ne doivent pas être habituellement faits par
un manœuvre. » Cette règle d'ailleurs est universellement
acceptée par la jurisprudence (1).

On s'est demandé si une erreur commise dans la description doit être assimilée à l'insuffisance et entraîner la
nullité du brevet. Si l'erreur a pu être à première vue
comprise et rectifiée par les hommes du métier, à plus
forte raison, si l'erreur est tellement évidente que les
tribunaux ont cru pouvoir interpréter la description pour
en donner l'explication raisonnable qui devait être dans
la pensée de l'inventeur ; d'autre part, si l'erreur porte
sur un point peu important et n'est pas de nature à influer
sur le résultat de l'invention, alors il n'y aura pas lieu de

____

(1) Douai, 29 janvier 1859, *Ann. de la pr. ind.*, 1860,5. —
Lyon, 1ᵉʳ juillet 1870, *Ann. de la pr. ind.*, 1871, 34. — Montpel-
lier, 20 mai 1872, *Ann. de la pr. ind.*, 1873. 347.

prononcer la nullité. Mais si l'erreur n'est pas facilement visible, ou si elle porte sur des éléments essentiels de l'invention, il y aura nullité, par exemple, dans le cas où un inventeur s'étant fait breveter pour un produit qu'il obtient au moyen d'une réaction chimique, indique des proportions inexactes, en sorte qu'en suivant à la lettre les prescriptions indiquées, on n'obtient en réalité aucun résultat.

Il en serait de même dans le cas où la description conduirait bien à un résultat, mais différent de celui que l'invention doit effectivement produire. La description est alors insuffisante et incomplète, puisqu'elle n'est pas l'expression de la vérité. « Dans ce cas, disent MM. Picard et Olin, toute personne pourra employer le moyen soit pour obtenir le résultat que l'inventeur aurait découvert, mais qu'il n'a pas décrit, soit pour obtenir un autre résultat quelconque. En effet, s'il se plaignait, on pourrait lui répondre que l'on fait du moyen une application nouvelle, puisqu'elle diffère, sinon de celle qu'il avait conçue, tout au moins de celle qu'il a décrite. »

Il ne faut cependant pas exagérer la portée de cette règle : l'inexactitude doit être bien caractérisée, pour que le brevet puisse être déclaré nul. Si le résultat obtenu était seulement moins parfait et moins utile, nous pensons que le brevet resterait valable. D'une manière plus générale, les imperfections de la description du brevet n'entraînent la nullité que si elles exercent une influence réelle sur le résultat ; sinon elles laissent subsister le brevet. Tout ce que la loi exige, c'est que l'invention puisse être exécutée à l'aide du brevet et que le résultat annoncé puisse être atteint sans trop de difficultés (Cass., 29 nov. 1859, Dalloz., 1859, I, 485).

Cependant il a été souvent jugé que la description pou-

vait être considérée comme suffisante si le breveté était
de bonne foi, et si la description permettait l'application
même difficile du procédé breveté (Douai 30 mars 1847,
Dalloz., 1847, II, 205. — Paris, 19 janvier 1858, *Ann. de la
prop. ind.*, 1858, 305. — Cass. 26 nov. 1868, *Ann. de la
propr. ind.*, 1869, 28). Nous pensons, en effet, conformément à la doctrine qui se dégage de ces arrêts, que la
bonne foi, qui, nous allons le voir, est en général
indifférente, peut constituer, suivant les cas, un élément d'appréciation dont les juges doivent tenir un certain
compte.

Lorsqu'un produit est réellement obtenu grâce au brevet,
peu importe que ce produit n'ait pas toute la pureté que le
breveté lui a attribuée de bonne foi, l'imperfection de ces
résultats pourra diminuer le mérite de l'invention, mais
elle ne fera pas obstacle à la validité du brevet. Mais lorsque la description est vraiment insuffisante, le breveté
exciperait vainement de sa bonne foi. La loi n'exige pas
la fraude pour que la nullité s'applique, et on comprend
qu'il doit en être ainsi. Qu'importe, en effet, la bonne foi
du breveté, si la description étant obscure et incompré-
hensible, le public n'a aucun moyen de profiter de la découverte? En échange du monopole concédé, le breveté était
tenu de fournir au public quelque chose qu'il n'a pas fourni;
peu importe dès lors son intention ; la loi n'a pas à s'en
préoccuper, elle ne juge que le fait seul. La loi belge
cependant, dans l'article 24, exige, pour que le brevet
soit nul, l'intention frauduleuse du breveté; elle est
assurément ici moins conséquente que la loi française.
Mais elle admet aussi que toute personne intéressée peut
contraindre l'inventeur à compléter sa description ; or c'est
là une décision qui ne serait pas admissible sous l'empire de

notre loi : les éclaircissements apportés après coup ne sauraient valider le brevet. Le titre ne pourrait, par exemple, emprunter utilement à un certificat d'addition les conditions qui lui auraient manqué à l'origine (Amiens, 1er juillet 1859, *Ann. de la prop. ind.*, 59, 334) : le certificat d'addition n'ayant d'existence que par sa relation avec le brevet ne peut valider un brevet *nul ab initio*. Que si, au lieu d'un certificat d'addition, le breveté avait pris un brevet de perfectionnement, il faudrait se préoccuper de la valeur de ce nouveau titre ; mais, dans tous les cas, il ne pourrait donner aucune force au premier. En un mot, le brevet doit se suffire à lui-même ; « les tiers doivent trouver dans le brevet la possibilité d'exécuter l'invention sans être obligés de jouer à leur tour le rôle d'inventeurs, » dit M. Nouguier (1). Il ne serait donc pas permis de renvoyer pour les détails de la description soit à un ouvrage imprimé et publié, soit à un brevet antérieur. Le breveté ne peut obliger le public à se procurer, pour l'exécution de l'invention, d'autres documents que le brevet. Le tribunal civil de Lille a jugé notamment (10 juin 1858, *Prop. ind.*, n° 46) que le breveté ne peut valablement, soit dans des mémoires, soit dans des conclusions d'audience, expliquer et compléter son brevet.

Il peut arriver que des dessins soient annexés à la description. La loi nouvelle, contrairement à la législation de 1791, ne les exige pas d'une manière absolue ; elle laisse à l'inventeur le droit de juger, à ses risques et périls, s'ils sont nécessaires à l'intelligence de la description : si donc la description isolée lui paraît insuffisante pour désigner la découverte, l'inventeur la complétera ou l'expliquera à

______

(1) M. Nouguier, n° 127.

l’aide de dessins. Les dessins ont une très grande importance; assurément ils ne peuvent suppléer à l’absence de
toute description : alors même qu’un inventeur serait
persuadé que tel dessin suffit à faire comprendre son invention, il devrait néanmoins faire une description ; l’article 5 de la loi est formel. Mais dès qu’ils sont joints à
un mémoire descriptif, ils deviennent nécessairement une
partie intégrante et complémentaire de ce mémoire (Col-
mar, 25 octobre 1854, *Ann. de la prop. ind.*, 1857, 406), et
dans le cas même où le mémoire laisserait beaucoup à désirer sous le rapport du style et de la clarté, si le dessin
joint à la demande offre le moyen de se rendre compte de
l’invention, cela suffit : celui qui n’aurait pas consulté
l’un et l’autre ne serait pas en droit de se plaindre de l’insuffisance de la description.

Les mêmes observations sont applicables aux échantillons, que la loi assimile aux dessins. Si tel inventeur a cru
devoir compléter un mémoire descriptif au moyen d’échantillons, il met réellement à la disposition du public le moyen
d’exécuter son invention et obéit ainsi au vœu de la loi. Il
faut bien dire qu’en pratique rarement les inventeurs dépo-
sent ainsi des échantillons; cependant le cas s’est présenté,
et en 1859 la Cour de Douai a rendu sur ce point un arrêt
qui nous paraît fort critiquable. Il s’agissait d’un brevet
accordé aux frères Delaunay: ceux-ci, pour corriger ce
qu’il pouvait y avoir de défectueux dans leur description, y
avaient joint des échantillons, et il arriva que ces échantillons furent égarés par l’administration. Un tiers vint
alors demander la nullité pour insuffisance de la description. Naturellement les frères Delaunay objectèrent qu’ils
avaient strictement observé les prescriptions de la loi et
que le premier venu, en consultant les modèles par eux

fournis, eût été à même d'exécuter l'invention. Néanmoins
la Cour constatant que les échantillons avaient disparu et
ne tenant aucun compte de ce que cette disparition était
une faute imputable à l'administration, prononça la nullité
du brevet. Cette décision, disions-nous, est certainement
très critiquable : pourquoi, en effet, faire retomber sur les
brevetés les conséquences d'une négligence à laquelle ils
sont complètement étrangers ? Les frères Delaunay
n'étaient-ils pas en règle avec la loi ? n'avaient-ils pas fait
une description complète ? La Cour dit, il est vrai, que cette
description est devenue insuffisante, mais ce n'est pas là
ce qu'elle devait établir : pour prononcer la nullité conformément à la loi, il lui fallait établir que la description
était insuffisante dès le jour où le brevet avait été demandé,
car, nous l'avons dit au début de cette étude, les faits que
la loi indique comme causes de nullité n'opèrent comme
tels que s'ils existaient lors de la demande. L'arrêt du
29 janvier 1859 (1) ne nous paraît donc pas plus juridique
qu'il n'est équitable; les auteurs d'ailleurs sont unanimes
à le critiquer, et nous devons considérer l'opinion que consacre la Cour de Douai comme tout à fait isolée.

2° *Dissimulation des vrais moyens.*

La loi déclare le brevet nul, non seulement quand la description est insuffisante, mais encore quand l'inventeur a
dissimulé ses vrais moyens. Il est, en effet, des inventeurs
qui, dans la description jointe à leur brevet, dissimulent
avec intention une partie de leur découverte et équi-
voquent sur le reste, espérant par ces réticences déloyales

(1) *Ann. de la propr. ind.*, 1860, 5.

retenir entre leurs mains à l'expiration de leur brevet
quelques débris de l'invention qui, d'après le contrat, doit
alors enrichir tout entière le domaine public. C'est là une
fraude que la loi devait naturellement punir. Malheureusement la disposition de l'article 30, § 6, tout en étant fort
équitable, est à peu près inapplicable en pratique ; celui qui
voudra faire prononcer la nullité du brevet devra prouver,
en effet, la dissimulation des véritables moyens de l'invention. Or cette preuve sera le plus souvent impossible à
faire : le breveté qui naturellement n'est tenu que d'indiquer les moyens par lui connus au jour où il demande le
brevet, pourra toujours dire qu'il a réalisé des perfectionnements et que les moyens dont on lui reproche la dissimulation, il les a découverts depuis la prise de son
brevet.

Toutes les législations étrangères ont attaché une importance fondamentale à la clarté des descriptions. La loi
russe, comme notre loi de 1844, abroge le privilège, « s'il
est prouvé qu'en suivant la description publiée, il est impossible, même d'après l'instruction de l'inventeur, d'atteindre le but indiqué. » De même la loi italienne, la loi
autrichienne veulent, que la déchéance soit de droit,
« lorsque la description n'est pas conçue de manière que
toute personne à ce connaissant puisse exécuter l'objet
breveté avec le seul secours de cette description. »

La législation anglaise porte la sévérité plus loin que
ces lois et que la loi de 1844. Si celui qui réclame une pa-
tente anglaise comprend dans sa spécification, indépendamment des parties par lui inventées, d'autres parties
connues déjà et qu'il néglige de les indiquer comme ne
devant point lui appartenir, il y a nullité pour le tout.
Notre loi est moins rigoureuse ; le brevet en ce cas chez

nous ne vaut que pour la partie vraiment nouvelle ; mais le mélange de parties déjà connues ne vicie pas la description tout entière, à moins qu'il n'y ait intention de tromper le public, ou obscurité qui rende l'invention inexécutable.

Enfin, comme nous l'avons vu, aux termes de l'article 24 de la loi belge, le brevet est déclaré nul lorsque le breveté, dans la description jointe à sa demande, a *avec intention* omis de faire mention d'une partie de son secret ou l'a indiqué d'une manière inexacte. L'intention frauduleuse est donc exigée : nous avons dit que le système français était plus conséquent. « Et, en effet, disent MM. Picard et Olin avec la doctrine de la loi belge, il arrivera, en effet, qu'un brevet reste valable sans que la communication au public devienne réalisable, ou bien parce que la description manque complètement, ou bien parce qu'elle présente une lacune ou une inexactitude qui en rend l'intelligence impossible. Dès lors la société aura accordé un monopole sans compensation : l'inventeur restera possesseur de son secret, même après que son brevet aura pris fin (1). »

3° *Inexactitude frauduleuse du titre.*

Cette cause de nullité ne se présente que fort rarement en pratique, car l'inventeur n'a pas grand intérêt à indiquer un titre inexact. On peut cependant supposer qu'un inventeur fait usage d'un faux titre pour dérouter les chercheurs qui tendraient à perfectionner son invention ou pour détourner les regards de ceux qui voudraient contrefaire ou prendre leurs précautions afin d'établir une

(1) MM. Picard et Olin, n° 731.

concurrence légale à l'expiration du brevet. La loi déjoue cette fraude en prononçant la nullité.

Deux conditions sont ici rigoureusement exigées : 1° un faux titre ; 2° une intention frauduleuse chez le breveté. Ceci résulte des travaux préparatoires. Dans la première rédaction du paragraphe 5 de l'article 30, la pénalité édictée par cet article était étendue au cas où le titre sous lequel le brevet était faux. M. Bethmont fit observer avec beaucoup de raison que c'était l'œuvre d'un esprit droit et d'un homme exercé au langage que de bien qualifier une invention, qu'il était donc fort possible qu'un titre faux ait été donné sans une intention mauvaise. Sur ces observations la rédaction telle qu'elle existe fut présentée et acceptée.

Donc un titre inexact, insuffisant ou même faux n'entraînerait pas la nullité du brevet. Ce que la loi a voulu punir, c'est l'intention malicieuse, la volonté de tromper (1). Bien entendu, ce sera au demandeur en nullité qu'incombera la charge de prouver la fraude : cette preuve, on le conçoit aisément, sera très difficile à faire, et c'est là une raison de plus pour que cette cause de nullité soit très rarement invoquée.

SECTION DEUXIÈME

Causes de nullité spéciales aux brevets de perfectionnement et aux certificats d'addition.

Indépendamment des causes de nullité que nous venons d'étudier et qui s'appliquent, nous l'avons dit, indistincte-

(1) Nancy, 25 mars 1879, *Ann. de la propr. ind.*, 1879, 157.

ment à tous les brevets, il en existe d'autres prévues également par l'article 30 de la loi de 1844 qui sont spéciales aux brevets de perfectionnement et aux certificats d'addition. Nous nous occuperons d'abord des brevets de perfectionnement, et en second lieu des certificats d'addition.

1° *Brevets de perfectionnement.*

Une invention, au moment où elle se produit, est rarement parvenue déjà à son meilleur état d'exécution, et il se peut que des changements, des perfectionnements y soient apportés, soit par le propriétaire du brevet, soit par un tiers. En pareil cas, la loi permet à l'auteur de ces changements ou perfectionnements de s'en réserver la jouissance exclusive en demandant un brevet. Ce sont les brevets ainsi accordés que la doctrine, et non la loi, désigne sous le nom de brevets de perfectionnement. Ainsi que nous venons de le dire, tous les cas de nullité qui entachent les brevets d'invention proprement dits sont applicables aux brevets de perfectionnement. Mais, de plus, l'article 30, § 7, de la loi de 1844 édicte relativement à ces brevets une cause de nullité toute spéciale. « Le brevet sera nul, dit-il, s'il a été pris contrairement à l'article 18. » Or l'article 18 est ainsi conçu : « Nul autre que le breveté ou ses ayants droit ne pourra, pendant une année, prendre valablement un brevet pour un changement, perfectionnement ou addition à l'invention qui fait l'objet du brevet primitif. — Néanmoins toute personne qui voudra prendre un brevet pour changement, addition ou perfectionnement à une découverte déjà brevetée, pourra, dans le cours de ladite année, former une demande qui sera transmise et restera déposée *sous cachet* au ministère de l'Agriculture et du

Commerce. — L'année expirée, le cachet sera brisé et le brevet délivré. — Toutefois le breveté principal aura la préférence pour les changements, perfectionnements et additions, pour lesquels il aurait lui-même, pendant l'année, demandé un certificat d'addition ou un brevet. »

Ainsi cet article consacre un droit de préférence au profit du breveté : celui-ci, pendant la première année de son brevet, peut demander seul un brevet de perfectionnement dans la forme ordinaire ; tous ceux qui voudraient, au cours de cette même année, demander un brevet pour un perfectionnement apporté par eux à l'invention, doivent employer la forme du pli cacheté. S'ils forment leur demande à découvert, ils violent l'article 18, et le brevet qui leur est délivré est entaché de nullité.

L'article 18 ne dit pas quel jour commence à courir le délai d'un an pendant lequel l'inventeur a le droit, de préférence à tous autres, de faire breveter les changements, additions ou perfectionnements qu'il apporte à l'invention primitive ; il semblerait que dans la discussion de la loi on fixât le point de départ au jour de la signature du brevet, mais cette indication est évidemment erronée : comme d'après le système de la loi le privilège exclusif, la durée du brevet, le payement des annuités prennent naissance à partir du jour de la demande, il est naturel de penser que c'est aussi l'époque de la demande qui fait courir le délai d'un an.

Ce droit de préférence accordé à l'inventeur est, il faut le reconnaître, une mesure très juste ; l'inventeur, en général, est forcé de prendre brevet avec la plus grande célérité possible ; absorbé par l'étude de l'idée principale, il a pu négliger certains détails : la loi devait lui donner le temps de les apercevoir et ne pas permettre à ces spéculateurs avides toujours à l'affût des améliorations dont les procédés nouvellement inventés sont susceptibles, de profiter du travail déjà par lui accompli. C'est ce qu'elle a fait dans l'article 18. Toutefois la nullité prononcée par l'article 30, § 7, est certainement très rigoureuse, surtout si l'on admet que le droit de la demander appartient à toute personne intéressée à faire tomber le brevet de perfectionnement. Quelques auteurs (1) prétendent qu'à l'égard du domaine public l'auteur du perfectionnement n'a absolument rien à se reprocher, que l'atteinte ici réprimée est une atteinte au droit de préférence du breveté principal, que par conséquent seul ce dernier doit avoir le droit d'attaquer le brevet de perfectionnement. Il nous semble difficile, en présence des termes de la loi, de nous ranger à cette opinion : la loi ne fait aucune distinction; nulle part elle ne dit que le breveté principal seul aura le droit de demander la nullité. Il ne peut donc s'agir ici que d'une nullité absolue ; la jurisprudence d'ailleurs est formelle en ce sens (2).

Bien entendu, pour que la nullité du brevet pris à découvert soit prononcée, il faudra qu'il y ait une relation assez étroite entre l'objet de ce brevet et l'objet du brevet principal. Les tribunaux ont ici un pouvoir d'appréciation très étendu ; mais comme ces expressions : perfectionnements, changements, additions, ont un sens très général, nous pensons que les juges devront, non pas en étendre la portée, mais bien plutôt la restreindre. Nous sommes ici en présence d'une faveur octroyée par la loi; il ne conviendrait pas, à notre avis, d'interpréter largement les droits du breveté, alors qu'il s'agit de les opposer à d'autres inventeurs.

(1) M. Malapert, n° 561.
(2) Paris, 30 mars 1855, *Ann. de la pr. ind.*, 1855, 70.

Mais une fois la relation établie, la nullité pourra être prononcée quand même l'inventeur principal n'aurait pas lui-même dans le cours de l'année et postérieurement au second brevet, pris un brevet pour le même objet. Cela est assez dur pour le deuxième breveté, car il n'a nui en rien au premier; mais la loi ne permet pas de donner une autre décision.

On peut supposer qu'un brevet ayant été pris contrairement à l'article 18, l'inventeur principal l'ignore, et vienne à son tour prendre un brevet pour le même objet. Que décider en ce cas ? Nous dirons que, conformément aux principes, le premier brevet est nul en vertu de l'article 30, § 7, et le second nul pour défaut de nouveauté. On peut conclure de là que cette nullité édictée par l'article 30, § 7, et destinée à protéger le breveté principal, n'est guère efficace que comme moyen préventif.

2° *Certificats d'addition.*

Toute personne qui trouve un changement, un perfectionnement ou une addition à une invention peut, disions-nous plus haut, se faire délivrer un brevet de perfectionnement. Toutefois, quand c'est l'inventeur lui-même qui apporte à son invention quelque modification, la loi lui laisse la faculté de prendre ce qu'on appelle un certificat d'addition. C'est là une espèce particulière de titre qui est demandé et délivré dans la même forme que les brevets principaux, mais qui a certains avantages, notamment au point de vue de la taxe à payer. Chaque brevet, en effet, donne lieu au payement d'une taxe annuelle de 100 francs; le certificat d'addition, au contraire, n'est assujetti qu'à une taxe de 20 francs, une fois payée; mais il est inférieur au brevet de perfectionnement, en ce qu'il n'a pas d'existence propre et suit dans toutes ses vicissitudes le sort du brevet principal : que le brevet arrive à son terme légal ou qu'il vienne à être atteint d'un vice, le certificat tombe avec lui de plein droit.

Ces certificats peuvent donc être annulés en premier lieu quand le brevet auquel ils se lient l'est lui-même. Mais ils ne seront pas toujours annulés par voie de conséquence : ils peuvent l'être par suite de vices qui leur sont propres : ainsi, que l'addition ne soit pas nouvelle, que le caractère industriel lui fasse défaut, etc., dans tous ces cas, le certificat, de même qu'un brevet de perfectionnement, serait nul et de nul effet.

Indépendamment de ces cas de nullité, il est un cas où les certificats d'addition sont atteints d'un vice radical. « Seront nuls, dit l'art. 30, § 7, les certificats comprenant des changements, perfectionnements ou additions qui ne se rattacheraient pas au brevet principal. » M. de Raynal, portant la parole devant la Cour de cassation, semblait croire que cet article avait un intérêt purement fiscal, et que le législateur avait uniquement voulu empêcher qu'on pût échapper au payement de la taxe établie pour les brevets, en rattachant arbitrairement les unes aux autres des inventions distinctes et s'assurer un droit privatif pour une invention principale en acquittant seulement le droit fixe pour les certificats. Cette appréciation n'est pas d'une rigoureuse exactitude : le législateur n'a pas eu en vue que les droits du trésor, il a voulu protéger aussi les tiers ; il ne faut pas que les tiers, abusés par une vaine qualification, ne puissent connaître l'invention qui se cache sous le titre modeste et frauduleux de certificat d'addition.

Il faut reconnaître que cette disposition de l'article 30

est fixe et très rigoureuse, car elle atteint non seulement celui qui a voulu frauder le trésor, tromper le public, mais quiconque s'est trompé sur la relation entre l'objet du brevet et l'objet du certificat, alors même qu'il n'y aurait aucune intention frauduleuse. Aussi devra-t-elle, pensons-nous, être toujours renfermée dans les plus étroites l imites, et le juge devra ici apprécier de la manière la plus favorable, le caractère de l'invention considérée comme se rat. tachant à la première. Nous avons donné plus haut une solution différente, quand il s'est agi d'interpréter l'article 18, et nous avons dit qu'en cette hypothèse, les tribunaux devaient plutôt restreindre qu'étendre la portée des expressions : changements, perfectionnements ou additions ; il s'agissait alors de ne pas favoriser outre mesure le premier breveté et de ne pas traiter trop sévèrement d'autres inventeurs tout aussi dignes que lui des faveurs de la loi ; mais ici, puisque nous sommes en présence d'une nullité prononcée comme sanction d'une mesure fiscale, et qui dépouille le breveté au profit de ceux qui n'éprouvaient de son erreur ou de sa fraude aucun préjudice, nous croyons qu'il faut donner une portée plus grande à ces mêmes termes dont se sert également l'article 30 *in fine*, et que l'interprétation, comme disait M. de Raynal, ne doit pas rétrécir, mais plutôt amplifier le cercle dans lequel se meut l'inventeur.

Nous n'allons pas jusqu'à admettre avec M. Blanc que l'idée qui a donné l'occasion d'un certificat puisse être en droit étrangère à l'idée mère de l'invention ; il suffit, pensons-nous, que la nouvelle invention se rattache de près ou de loin à l'invention principale, pour qu'elle puisse être consacrée au profit de l'inventeur par un certificat, mais il faut qu'elle s'y rattache réellement (Douai, 31 mars

1846) (1). Il est impossible assurément de préciser dans quels cas il y aura, dans quels cas il n'y aura pas relation entre le brevet et le certificat; les juges, nous l'avons dit, ont ici surtout un très large pouvoir d'appréciation.

(1) Dalloz, 1847, II, 222.

CHAPITRE II

Des causes de déchéance.

Lorsque les conditions de validité du brevet sont remplies, l'inventeur, pour conserver son privilège, doit remplir les obligations suivantes : 1° payer régulièrement une
taxe annuelle de cent francs ; 2° mettre en exploitation
l'objet de son brevet en France, dans un délai que la loi
fixe à deux ans à dater de la signature du brevet et ne pas
interrompre cette exploitation plus de deux années consé--
cutives, sauf les excuses qu'il pourra faire valoir pour jus
tifier son inaction ; 3° s'abstenir de toute introduction en
France d'objets fabriqués à l'étranger et semblables à
l'objet du brevet, à moins que ces objets ne soient introduits à titre de modèles ou échantillons, auquel cas le ministre de l'Agriculture et du Commerce peut en autoriser
l'introduction.

Comme sanction, la loi prononce la déchéance pour les
trois causes suivantes :

1° Défaut de payement de la taxe ;

2° Défaut d'exploitation ;

3° Introduction en France d'objets fabriqués à l'étranger
et semblables à ceux garantis par le brevet.

L'article 16, § 5, de la loi de 1791 prononçait également
la déchéance contre l'inventeur qui, après avoir obtenu un
brevet en France, était convaincu d'en avoir pris un pour

le même objet en pays étranger. L'intention du législateur
de 1791 était de protéger l'industrie nationale et d'empêcher les Français de porter leurs inventions en pays étranger; mais il n'avait point aperçu qu'il devait au contraire
en résulter un grave préjudice pour l'industrie qui, brevetée
chez nous, n'aurait pu que fort difficilement soutenir la
concurrence sur les marchés étrangers avec l'industrie
similaire librement exploitée dans ces pays. D'autre part,
la disposition qu'il avait édictée était souverainement illo-
gique, puisqu'elle permettait à tous les Français ce qu'elle
n'interdisait qu'à l'inventeur lui-même, et allait ainsi directement contre la justice et contre le but qu'elle voulait
atteindre. C'est pourquoi nous la trouvons abrogée dans
l'article 52 de la loi de 1844.

Reprenons séparément chacune des trois causes de
déchéance.

1° *Défaut de payement de l'annuité.*

Aux termes de l'article 32, § 1, de la loi de 1844, le breveté est déchu de tous ses droits lorsqu'il ne paye pas la
taxe annuelle avant le commencement de chacune des
années de la durée de son brevet.

De toutes les dispositions de la loi de 1844 il n'en est
peut-être pas qui ait été plus vivement critiquée. Cependant, au point de vue de son principe, la déchéance pour
non-payement de la taxe peut être justifiée ainsi : le payement de la taxe est une des charges que l'inventeur a ac-
ceptées en se faisant breveter; il est vrai qu'il n'est pas
libre en contractant de discuter les charges du contrat,
mais encore a-t-il mieux aimé accepter les charges du brevet que de n'avoir pas de brevet du tout. On conçoit donc

que l'inventeur qui ne paye pas l'annuité perde son droit, puisqu'il n'exécute pas ses obligations; la déchéance se comprend même d'autant mieux que le breveté est toujours libre de renoncer à son brevet pour ne pas en subir les charges et [que l'administration n'a pas le droit de poursuivre le recouvrement de la taxe.

Mais si cette cause de déchéance peut se justifier en principe, il faut reconnaître cependant que la loi s'est montrée d'une rigueur excessive dans l'application, puisqu'elle ne tolère aucun retard dans le payement. Le délai expiré entraîne fatalement la déchéance du brevet, quelle que légitime que puisse être la cause qui a empêché le breveté d'acquitter la taxe.

Cette rigueur, qui ne se rencontre pas en général dans es contrats, s'explique par une sorte de concession faite à leurs adversaires par les partisans du principe des annuités, principe qui, lors de la discussion de la loi, ne triompha qu'avec peine. Néanmoins, il serait à désirer qu'une réforme fût apportée à la législation française sur ce point important.

Les législations étrangères qui admettent cette cause de déchéance n'ont pas manqué d'apporter des tempéraments équitables à la rigueur du principe. C'est ainsi que la loi belge du 27 mai 1857 prescrit d'envoyer un avertissement au breveté; de plus, après l'échéance, un délai de grâce de six mois est accordé moyennant une faible amende de 10 francs. La loi italienne du 30 octobre 1860 et la loi allemande du 25 mai 1877 autorisent le breveté à payer valablement pendant trois mois à dater de l'échéance de l'annuité; les inventeurs pauvres peuvent même, d'après la loi allemande, obtenir un délai plus long, qui ne peut excéder une année Ce système de délais de grâce et d'avertissements n'es pourtant pas sans dangers. N'est-ce, pas en effet, préjudiciable à l'industrie de laisser le sort des brevets incertain même pendant un court espace de temps ? Des tiers intéressés à connaître l'existence du brevet peuvent être trompés, et, d'un autre côté, on comprend difficilement que le retard de l'administration à mettre en demeure le breveté puisse avoir pour résultat de conférer un délai plus considérable à l'inventeur retardataire ; sans compter qu'en présence du grand nombre de brevets qui sont délivrés chaque année, ce serait imposer à l'administration une charge très lourde, qui serait pour elle le principe d'une grande responsabilité.

Le Congrès de la propriété industrielle de 1878 proposait, en conséquence, l'adoption d'un système qui consisterait à ne prononcer la déchéance qu'à l'expiration d'un certain délai, en laissant en outre aux tribunaux le soin de relever le breveté de la déchéance encourue, si celui-ci était état en de justifier des causes légitimes de son retard.

Ce système ne nous paraît pas satisfaisant, parce qu'il laisse subsister une incertitude fâcheuse pendant un certain temps. Peut-être serait-il préférable, tout en établissant des taxes progressives semblables à celles qu'a organisées la loi belge, de supprimer purement et simplement cette cause de déchéance, en laissant à l'administration le soin de poursuivre la taxe par les voies autorisées en matière de contributions directes. L'administration pourrait accorder des remises ou des modérations au breveté qui serait hors d'état d'acquitter la taxe.

Quoi qu'il en soit, en l'état de la législation qui nous régit, la déchéance rigoureuse du brevet pour défaut de payement des annuités doit être encourue, quelles que soient les causes qui justifient le retard. Les termes de l'article 32 sont formels ; il est fort regrettable sans doute de donner pour sanction à une disposition fiscale la déchéance d'un droit: mais tant que la loi n'aura pas été modifiée, l'interprète est lié par sa formule. On comprend d'ailleurs combien il serait funeste à l'intérèt général de laisser aux tribunaux le pouvoir de relever, suivant les cas, l'inventeur de la déchéance encourue. Le droit des tiers et celui du breveté lui-même ne peut dépendre de l'appréciation du juge.

Cependant beaucoup d'auteurs autorisent les tribunaux à examiner les causes qui se sont opposées au payement d'une annuité en temps utile et à ne pas prononcer la déchéance lorsque les causes du retard sont absolument indépendantes de la volonté du breveté, lorsque ce retard provient d'obstacles imprévus. Il est inadmissible, dit-on, que la loi frappe le titulaire d'un droit d'une déchéance lorsqu'un cas de force majeure apporte un obstacle insurmontable à l'exécution d'une obligation qui lui est imposée. M. Bedarride (nᵒˢ 440 et 411) soutient la doctrine contraire ; il insiste sur la formule du texte, qui résiste à toute distinction ; il fait remarquer, en outre, que si la rigueur du système peut dans quelques cas exceptionnels produire des résultats regrettables, ces inconvénients particuliers ne sont pas comparables au danger de l'arbitraire. « Une fois engagé dans le système, dit cet auteur, où s'arrêtera-t-on? Quelle sera la ligne de démarcation établie? La Cour de cassation (1), tout en admettant que la force majeure relève le breveté de la déchéance, admet que la maladie et la démence du breveté n'empêchent pas l'application de l'article 32. Où est donc le *criterium* sûr qui per-

____

(1) *Rep.*, 16 mars 1864, D., 1864, 1, 158.

mettra aux tiers de savoir si le brevet est ou non frappé?
A quoi bon poser un principe destiné à ne pouvoir jamais
être appliqué? »

La question est très délicate, sans doute ; mais il nous
semble que l'excuse tirée de la force majeure doit être
admise pour le cas où l'impossibilité matérielle serait
bien et dûment constatée. Il n'est pas admissible qu'une
personne soit frappée de déchéance pour n'avoir pas exécuté une obligation qu'il lui était impossible d'exécuter ;
et on ne voit pas pourquoi le législateur se serait montré
plus rigoureux en matière de brevets d'invention que dans
toute autre matière (1).

Mais même en admettant l'excuse résultant de la force
majeure il peut y avoir des difficultés : ainsi quand des
événements malheureux sont venus troubler le commerce
et l'industrie, le gouvernement a pris des mesures pour
y couper court. C'est ainsi que le 25 février 1848 et le
18 septembre 1870 des décrets ont été rendus pour relever
de la déchéance les brevetés qui, à dater du 1er février 1848
et du 25 août 1871, n'avaient pas acquitté leurs annuités.
Malgré leurs termes formels, la question s'est élevée de
savoir si l'inventeur, pour profiter de ces décrets, devait
prouver qu'il lui avait été effectivement impossible de
faire son payement, ou bien si les décrets avaient accordé
d'une façon générale et sans dictinction un délai de grâce
à tous les brevetés. Certains auteurs ont prétendu que la
distinction résultait de ces mots : « *qui n'ont pu payer*, » et
que la preuve de l'impossibilité de payer devait être nécessairement faite par celui-là qui invoquait les décrets.

(1) En ce sens: M. Nouguier, n° 580 ; — M. Renouard, 240 ; —
M. Tillière, 360.

Mais il faut avouer que ces décrets eussent été bien inutiles s'ils avaient eu pour but d'imposer aux brevetés la preuve des circonstances spéciales de force majeure qui les avaient empêchés de payer leurs annuités. Nous venons de voir, en effet, que l'excuse résultant de la force majeure était admise d'une manière générale. Alors à quoi bon des décrets, s'ils ne font que consacrer le droit commun ? Non, ce que le rédacteur de ces décrets a voulu, c'est prévenir les nombreuses difficultés qui auraient pu se présenter dans l'appréciation des divers cas de force majeure, et c'est dans ce but qu'il a dégagé temporairement tous les inventeurs, quelle que fût leur situation commerciale, des engagements qu'ils avaient contractés vis-à-vis du trésor et créé à leur profit, comme le dit M. Pouillet, une présomption *juris et de jure* d'impossibilité de payement. Cette interprétation est d'ailleurs conforme à l'ensemble du texte, et un arrêt de la cour de Paris du 26 mai 1855 l'a consacrée (1).

Ainsi nous admettons que la déchéance ne saurait être prononcée en cas de force majeure ; mais nous déciderons qu'elle serait encourue lors même que le payement serait effectué avant toute demande tendant à la faire prononcer. La jurisprudence s'est maintes fois prononcée dans le sens de cette opinion, qui, néanmoins a rencontré quelques contradicteurs. On se prévaut, en effet, du système organisé par la loi de 1791 : sous l'empire de cette législation on exigeait le payement de la moitié de la taxe lors du dépôt de la demande, et l'engagement de payer le surplus dans les six mois. A défaut de payement dans ce délai, la déchéance ne pouvait pas être demandée

(1) Arrêt cité par M. Blanc, n. 562.

par les tiers : l'administration seule avait le droit de la prononcer et elle pouvait accorder des délais de faveur. Or, dit-
on, ce système peut fort bien être appliqué sous la loi nouvelle ; sans doute les tiers peuvent demander la déchéance,
mais ce droit de l'obtenir ne peut leur être acquis que lorsqu'ils ont intenté l'action : jusque-là le système de la loi de
1791 peut continuer à être suivi et le payement tardif intervenir utilement.

Les termes de l'article 32 ne nous permettent pas d'admettre ce nouveau tempérament. Le payement de la taxe
avant l'échéance, suivant l'expression de M. Bédarride,
est la condition irritante de la conservation du privilège
du breveté. Admettre la restriction que l'on propose serait
faire dégénérer la cause de déchéance en une disposition
simplement comminatoire. On facilite sans doute le recouvrement de la taxe en autorisant un payement tardif antérieur à l'action en déchéance puisque le breveté aura tout
intérêt à se libérer pour conserver son droit menacé ; mais,
nous le répétons, les termes de la loi sont trop formels
pour qu'il soit possible d'admettre une telle solution.

La déchéance rigoureuse encourue à l'échéance pour
défaut de payement de la taxe rend fort importante la question de la computation du délai. Un brevet, nous le supposons, est demandé le 17 février 1883, et le procès-verbal
constate que la demande a été déposée à midi. A quel moment précis la déchéance sera-t-elle encourue ? Le breveté
pourra-t-il acquitter la taxe jusqu'au 17 février 1884 à
midi ? Doit-on, en d'autres termes, compter le délai de *die
ad diem* ou de *momento ad momentum* ?

Cette question n'est pas nouvelle ; elle se rencontre en
d'autres matières et notamment lorsqu'il s'agit de fixer
l'époque exacte de la majorité (article 488, C. civil). Com-

ment la résoudre? L'article 2262 du Code civil dit que la prescription se compte par jours et non par heures ; mais cette disposition, pourrait-on dire, est spéciale à la prescription et la question reste entière pour les autres cas. A l'appui du système qui compte le délai d'heure à heure, on se prévaut de l'obligation d'indiquer dans le titre l'heure de la prise du brevet : l'utilité de cette mention, dit-on, doit être de fixer le point de départ du délai. On ajoute que les droits sont acquis à l'inventeur au moment précis du dépôt de la demande et que, par une juste réciprocité, ses obligations doivent commencer au même moment.

L'opinion contraire nous paraît plus conforme aux règles ordinaires de la computation des délais. L'article 2262 du Code civil, n'est pas spécial à la matière de la prescription, et l'on ne peut raisonner par *a contrario* de ce texte pour soutenir qu'en toute autre matière le calcul se fait d'heure à heure. L'ensemble des dispositions législatives qui établissent des délais pour l'exercice d'un droit, ne se préoccupent que du calcul de jour à jour, qui doit, par conséquent, être observé toutes les fois qu'aucun texte n'est venu déroger à la règle générale. Il est vrai que la loi prescrit la mention de l'heure du dépôt de la demande, mais cette disposition ne peut être regardée comme une dérogation aux règles ordinaires ; c'est simplement une mesure de protection au profit du premier déposant contre tout dépôt ultérieur. Voilà, sans aucun doute, la seule utilité que le législateur ait eue en vue, en prescrivant la mention de l'heure. Remarquons enfin que le texte de l'article 8 est favorable à cette interprétation, car, au lieu de se référer à l'article précédent, qui exige la mention de l'heure, il se réfère à l'article 5, où cette obligation n'est pas indiquée. « La durée du brevet, dit ce texte, courra *du jour* du

dépôt prescrit par l'article 5. » La jurisprudence est en
désaccord sur ce point : les Cours de Paris et de Rouen ont
admis la computation d'heure à heure (1) ; la Cour de cassation s'est, au contraire, prononcée dans le sens de notre
opinion, le 20 janvier 1863 (2).

Ainsi, selon nous, le délai doit se compter de jour à
jour, mais alors se présente une autre difficulté : le
jour du dépôt de la demande doit-il être compté dans
la computation du délai ? Cette question du *dies a quo* était
autrefois fort controversée ; mais aujourd'hui on est à peu
près d'accord pour reconnaître que le jour initial ne doit
pas entrer en compte. Nous ne croyons pas nécessaire
de justifier cette doctrine générale ; il nous suffit de la
rappeler en faisant observer seulement qu'une dérogation
à cette règle s'expliquerait d'autant moins qu'elle aurait
pour résultat d'aggraver une déchéance déjà fort rigoureuse.
La jurisprudence est aujourd'hui fixée dans ce sens par
l'arrêt de la Cour de cassation que nous avons rapporté
plus haut.

Que faut-il décider si le jour de l'échéance, c'est-à-
dire, dans notre système, le jour anniversaire du dépôt,
était un jour férié ? Le breveté serait-il déchu s'il payait
le lendemain ? Doit-il au contraire payer la veille ? En
présence des termes impératifs de la loi, il est impossible d'admettre que le payement puisse être effectué le
lendemain du jour férié. C'est un principe général de notre
législation que les jours fériés sont compris dans la computation des délais ; lorsque le législateur veut deroger à

____

(1) Voir notamment un arrêt de la Cour de Rouen du 12 déc.
1862. *Ann. de la propr. ind.*, 1864, p. 94.
(2) *Ann. de la propr. ind.*, 1863, p. 25.

cette règle, il a soin de s'en expliquer formellement, c'est ce qu'il a fait, par exemple, dans la loi du 3 mai 1862, qui règle les délais d'appel en matière civile et commerciale. Il ne serait pas possible de décider par analogie que cette exception est applicable aux appels correctionnels, à plus forte raison faut-il se référer aux principes généraux dans notre matière où les délais sont incomparablement plus étendus.

M. Blanc est, à notre connaissance, le seul auteur qui ait soutenu l'opinion contraire ; mais les raisons qu'il invoque à l'appui de sa doctrine ne nous paraissent nullement concluantes. Les dispositions légales doivent, dit-il, s'interpréter en faveur du débiteur. Il est facile de répondre qu'il ne s'agit pas d'une dette à payer, mais d'une formalité à remplir dans un certain délai à peine de déchéance. M. Blanc invoque ensuite des considérations d'équité d'une très grande force, mais il n'est pas possible de s'y arrêter en présence d'un texte précis qui impose au breveté l'obligation de payer avant le commencement de l'année.

Ajoutons que c'est toujours la date du brevet principal qu'il faut prendre en considération, même quand il a été pris des certificats d'addition, car ceux-ci se confondent avec le brevet et prennent fin avec lui (Cass., 7 juin 1851, D., 1851, 1, 246).

Pour que la cession d'un brevet soit valable, la loi exige (article 20) le payement intégral des annuités à courir. Nous n'avons pas à rechercher si ce retard apporté dans le payement constituerait une cause de nullité de la cession. Mais, quelle que soit la solution sur ce point, il n'est pas douteux que le défaut de payement n'entraînerait pas la déchéance du brevet. La loi énumérant les causes de déchéance ne mentionne pas le défaut de payement des annuités à courir en cas de cession ; on ne saurait invoquer par voie d'extension la disposition qui prononce la déchéance pour défaut de payement des annuités et qui ne s'applique qu'aux annuités successivement échues aux termes de l'article 4 (Rej., 1ᵉʳ septembre 1855, D., 1855, 1, 413).

2° *Défaut d'exploitation.*

Suivant le droit commun le propriétaire est libre d'user ou de ne pas user de sa chose. Ce principe reçoit exception en matière de brevets. » Sera déchu, dit l'art. 32, § 2, le breveté qui n'aura pas mis en exploitation sa découverte ou invention en France dans le délai de deux ans à dater du jour de la signature du brevet, ou qui aura cessé de l'exploiter pendant deux années consécutives, à moins que, dans l'un et l'autre cas, il ne justifie des causes de son inaction. »

Cette seconde cause de déchéance est moins rigoureuse que la précédente puisqu'on autorise le breveté à justifier des causes du défaut d'exploitation ; il peut arriver que le breveté ait besoin d'un temps assez long pour mettre sa découverte à exécution, ou bien que l'invention n'étant pas au début appréciée du public, le breveté renonce pendant un certain temps à son entreprise : de là la faculté laissée aux tribunaux de prononcer suivant les cas la déchéance du brevet.

Sous le bénéfice de ce tempérament équitable, la cause de déchéance que nous étudions paraît assez justifiée. Si le breveté n'exploitait pas, la société serait privée du bénéfice de la découverte : il fallait prévenir ce danger. Il convient cependant de remarquer que, dans la plupart des hypothèses, ce danger ne sera pas bien redoutable, puisque dans le cas où le brevet a vraiment de la valeur l'intérêt de l'inventeur le déterminera suffisamment à mettre sa découverte à exécution. Cette obligation légale présente un intérêt plus considérable lorsque l'invention ne présente pas une utilité bien appréciable et que les bénéfices que retire le breveté sont médiocres. En ce cas, le brevet peut être fort nuisible à d'autres inventeurs, puisqu'il paralyse l'exploitation d'autres découvertes utiles se rattachant à l'objet du brevet.

La plupart des législations étrangères ont admis cette cause de déchéance; seulement le délai d'inaction n'est pas partout le même : il est d'un an en Autriche aux termes de la loi du 15 août 1852; de même en Damenark; de même en Italie, d'après la loi de 1859, du moins pour les brevets de cinq ans ou au-dessous; de même en Belgique, d'après la loi du 27 mars 1857, avec cette remarque qu'ici le délai court à dater de la mise en exploitation à l'étranger. En Allemagne, il est de trois ans (loi du 25 mai 1877).

La législation anglaise et celle des États-Unis sont, à notre connaissance, les seules où le défaut d'exploitation n'entraîne pas déchéance : ce sont probablement les raisons qui ont déterminé le législateur français à donner aux tribunaux le pouvoir d'admettre des causes légitimes d'inaction qui auront décidé également le législateur anglais et le législateur américain à ne pas faire du défaut d'exploitation une cause de déchéance des brevets. D'ailleurs la question n'a pas un bien grand intérêt, car les magistrats se montrent très indulgents dans l'appréciation des faits qui ont apporté un obstacle à l'exploitation. Toutefois elle a fait l'objet de discussions intéressantes au sein des congrès de 1878 et 1880, et elle a été résolue dans le sens de la loi française, sous cette réserve expresse que les tribunaux doivent avoir un large pouvoir d'appréciation pour l'admission des excuses présentées par les inventeurs.

La seule modification dont la loi française pourrait être
susceptible consisterait à porter à trois ans le délai dans
lequel l'exploitation devrait commencer. C'est ce délai qui
a été admis par la nouvelle loi allemande du 25 mai 1877.

Voyons maintenant quels caractères doit réunir l'exploitation et où elle doit avoir lieu.

D'abord l'exploitation doit avoir lieu en France ; et, par
ces expressions de la loi, il faut entendre non seulement la
France continentale, mais aussi les colonies (La Réunion,
2 août 1858) (1). Sur ce point la loi de 1844 ne se sépare pas
des autres législations, qui exigent aussi que l'exploitation
ait lieu dans le pays même où le brevet a été délivré. Si l'inventeur exploite sa découverte à l'étranger, les dangers si-
gnalés plus haut, loin d'être conjurés, seraient plus sérieux,
puisque d'autres pays seraient en possession de l'objet
breveté tandis que le pays qui l'a délivré en serait dé-
pourvu.

Mais en quoi doit consister l'exploitation? Il s'agit ici
d'une exploitation industrielle comprenant la fabrication
et la mise en vente ; ces deux éléments sont également
nécessaires, et la fabrication et la mise en vente doivent
l'une et l'autre avoir lieu sur le territoire français. Si nous
faisons cette remarque, c'est que MM. Picard et Olin dans
leur commentaire sur la loi belge, laquelle procède en général des mêmes principes que la nôtre, donnent une solution
différente : ils admettent que la simple vente en Belgique
du produit fabriqué à l'étranger garantit le brevet belge de
la déchéance. Nous n'avons pas à examiner si cette solution
est conforme ou non aux vues du législateur belge; nous
croyons qu'elle n'est pas d'accord avec la loi loi de 1844 : le

(1) *Ann. de la propr. ind.,* 1858, 376.

breveté français doit à la fois livrer son produit à la consommation française et fournir du travail aux ouvriers français.

Il ne faut pas conclure de ce qui précède que la fabrication et la vente soient indispensables pour que l'exploitation puisse être considérée comme ayant commencé. Il suffit que le fabricant breveté ait été en mesure de vendre, qu'en un mot, il ait fait tout ce qui dépendait de lui pour faire passer son système dans l'industrie. On comprend que ce sont là des questions de fait que les juges devront apprécier souverainement. Les tribunaux doivent également rechercher si l'exploitation est sérieuse, réelle, si elle donne des résultats. Pour que le vœu de la loi soit rempli, il faut que l'exploitation atteste que le titulaire du brevet a fait tout ce qui dépendait de lui pour arriver à une exploitation régulière. L'exploitation ne saurait résulter de simples essais sans résultats ou d'une mise en vente unique sans autre but que d'éviter la déchéance; au contraire, le vœu de la loi serait suffisamment rempli si l'inventeur avait obtenu des récompenses à une exposition pour l'objet breveté et s'il avait concédé des licences à des tiers (Cass., 31 décembre 1857, Sirey, 1858, 1, 483. — Paris, 9 février 1865, *Ann. de la prop. ind.*, 1865, 190). La loi de 1878, qui fut votée à l'occasion de l'Exposition universelle dans le but de dispenser les exposants de l'autorisation ministérielle pour l'introduction en France, est conforme à cette jurisprudence, car, dans son article 1er, elle assimile à une véritable exploitation le fait d'avoir exposé l'appareil breveté.

On s'est demandé si l'exploitation partielle pouvait protéger le brevet contre la déchéance. Supposons que le brevet porte sur divers moyens analogues tendant au même résultat ; l'emploi par le breveté de l'un ou de quelques-uns de ces moyens seulement, dans le délai prescrit, suffit-il a écarter toute déchéance, ou bien le breveté sera-t-il déchu de son privilège relativement aux autres moyens ?

On admet généralement et avec raison qu'en pareil cas, c'est-à-dire toutes les fois que les divers procédés ne différant pas réellement entre eux conduisent au même résultat, le breveté n'encourt aucune déchéance. Rien ne prouve en effet que le législateur ait entendu soumettre le breveté à parcourir dans le délai de deux ans toutes les branches possibles de son invention : il se borne à dire que l'invention devra être exploitée : son but est que le public profite de l'invention ; dès que ce but est atteint, il importe peu que ce soit par tel mode plutôt que par tel autre. C'est ainsi qu'il a été jugé par le tribunal de Grenoble, le 22 juin 1843, que Jouvin, breveté pour un emporte-pièce de gants, « étant inventeur de deux systèmes donnant identiquement les mêmes produits, était libre de se servir de l'un préférablement à l'autre, sans avoir à craindre de déchéance » (Dalloz, v°. *Brev. d'inv.*, n° 82). De même un inventeur de cannes-parapluies dont le brevet portait que les tubes seraient en métal verni ou plaqué a pu n'employer que l'un de ces deux moyens sans encourir la déchéance (Dall., *eod. v°*, n° 257).

Mais si le brevet comprenait plusieurs procédés essentiellement distincts, il faudrait que tous eussent été pratiqués pour qu'il n'y ait pas lieu à déchéance au moins partielle. « Il serait trop facile, dit M. Pouillet, de monopoliser toute une industrie en brevetant une foule de procédés dont on n'exploiterait qu'un ou deux.

D'un autre côté, s'il s'agit d'une machine brevetée qui

comporte différentes applications, on devra admettre que
le breveté pourra se contenter d'exploiter certaines de ses
applications pour éviter la déchéance et même conserver
son droit exclusif sur les autres applications, soit qu'elles
aient été également prévues dans le brevet, soit qu'elles
se trouvent naturellement comprises dans l'invention brevetée : il serait trop rigoureux d'obliger le breveté à parcourir dans un délai restreint, tout le cercle des applications de son brevet. Il faut, bien entendu, pour cela, que la
machine fonctionne absolument de la même manière dans
ces applications diverses. Ainsi, lorsqu'un procédé de dis-
tillation s'applique également à des matières liquides,
ou solides telles que du marc de raisin, des betteraves, etc.,
il suffit, pour éviter toute déchéance, que le procédé ait été
appliqué dans le délai de deux ans, à l'une ou l'autre de
ces matières (Cass. 11 décembre 1857, *Ann. de la propr.
ind.*, 1857, p. 448.)

Dans le même ordre d'idées, nous déciderons que l'exploitation d'un brevet de perfectionnement ou d'un certificat d'addition garantit de la déchéance le brevet principal, car ces brevets accessoires se rattachent à l'objet du
brevet dont ils ne sont que le complément. On ne peut faire
un crime au breveté qui a à sa disposition deux moyens
dont l'un est probablement meilleur, plus parfait, d'exploiter
celui-là de préférence (Douai, 15 mars 1875, *Ann. de la
propr. ind.*, 1877, 357).

Une autre question importante qui se rattache au défaut
d'exploitation est la suivante : Une invention est brevetée,
un tiers vient y ajouter un perfectionnement, et ce perfectionnement se lie si intimement à l'invention, qu'il ne peut
être exploité sans que l'invention le soit. Dirons-nous que
la déchéance devra être prononcée contre ce tiers? Évi-

demment non, puisque la loi lui défend d'exploiter pendant la durée du brevet principal : il serait étrange qu'elle pût contraindre d'un côté à faire ce que de l'autre elle prohibe expressément. Certains auteurs (1) admettent cependant, malgré les termes formels et précis de l'article 19, que si le deuxième breveté n'a pas fait des démarches auprès du premier pour obtenir de lui l'autorisation d'exploiter son système de perfectionnement, il doit être déclaré déchu de ses droits ; et la Cour de Douai a rendu un arrêt en ce sens le 20 juillet 1859 (2). Cette décision nous paraît absolument en désaccord avec les textes des articles 19 et 32 combinés. M. Huard (3) l'a critiquée avec raison ; on lui a reproché de n'avoir pas, en soutenant d'une façon générale que l'article 19 mettait obstacle à ce que la déchéance fût prononcée, examiné le cas particulier où il est certain que l'inventeur des changements, additions ou perfectionnements aurait pu s'entendre avec l'inventeur principal. Au moins dans ce cas-là, a-t-on dit, le deuxième breveté doit subir la pénalité infligée pour défaut d'exploitation. Nous ne sommes pas de cet avis, et tenons ici pour l'application stricte de la loi. Dans le système contraire, les juges auraient autorité pour examiner les conditions du marché débattu entre les deux brevetés, les apprécier, déclarer si elles étaient ou n'étaient pas acceptables. En dehors même des dispositions de l'article 19, cette ingérence nous semble difficilement admissible ; elle excède le droit des tribunaux. Les parties sont seules capables de peser sûrement les convenances de leurs résolutions sur les contrats

(1) M. Pouillet, n° 521.
(2) *Ann. de la propr. ind.*, 1861, 44.
(3) *Propriété industrielle* n° 137.

qu'elles ont à former, et la pression que l'on prétend autoriser à cet égard serait destructive du principe que les conventions doivent être librement consenties.

Lorsque le brevet principal expire, il faut que l'auteur du perfectionnement breveté exploite son invention ; mais à partir de quel moment courront les deux ans dans le délai desquels l'exploitation doit [avoir lieu ? Puisque jusqu'à l'expiration du brevet principal, l'auteur du perfectionnement a été soumis par la loi à une force majeure qui l'empêchait d'agir, il nous semble que c'est ce moment qui fixe le point de départ. L'auteur du perfectionnement commencera à être tenu de pratiquer son invention le jour seulement où il lui sera licite de le faire, c'est-à-dire celui où le brevet principal sera tombé dans le domaine public. Des auteurs (1) ont prétendu qu'il ne fallait pas prendre cette date comme base de calcul des deux années, parce que le second breveté avait eu toute la durée du premier brevet pour préparer l'exploitation de son perfectionnement. Il suivrait de ce système que les deux brevetés ayant vécu plus de deux ans côte à côte, le brevet de perfectionnement tomberait dans le domaine public, si le lendemain même du jour où le brevet principal a pris fin, il n'avait pas été exploité par son possesseur. Cette conséquence suffit à démontrer que cette opinion n'est pas acceptable.

L'exploitation, pour être utile à la conservation du brevet, n'a pas besoin, nous l'avons vu, d'être le fait de l'inventeur lui-même. Il suffit qu'elle émane d'une personne qui ait le droit d'exploiter : cessionnaire, licencié ou successeur quelconque du breveté. Le vœu de la loi est satisfait puisque l'industrie n'est pas paralysée par l'existence

(1) M. Pouillet, n° 521 ; MM. Picard et Olin, 784 et 788.

du brevet. Mais l'exploitation par le contrefacteur empê-
cherait-elle la déchéance ? Nous ne le croyons pas ; on ne
peut concevoir, en effet, que le breveté poursuive ce contrefacteur, obtienne confiscation des objets fabriqués, en un
mot, fasse déclarer l'exploitation illicite, et que cependant
il puisse invoquer à son profit tous ces actes illicites pour
échapper à la déchéance. Cette solution nous paraît d'ailleurs commandée par le texte de la loi, qui suppose que le
breveté n'a pas *mis en exploitation* sa découverte dans le
délai de deux ans.

Tels sont, en résumé, les caractères principaux que doit
avoir l'exploitation pour que la déchéance ne puisse être
encourue.

Rappelons que la loi de 1844 ne prononce pas seulement
la déchéance contre celui qui, ayant obtenu un brevet, ne
se met pas immédiatement en mesure d'exploiter son invention ; mais qu'elle la prononce également contre le breveté
qui, après avoir mis son invention à exécution, a cessé de
l'exploiter pendant deux années consécutives. Le législateur de 1791 n'avait pas prévu la cessation d'exploitation,
et le projet du gouvernement ne l'admettait que pendant
une année. Cette disposition fut l'objet de vives attaques
à la Chambre des députés. Arago, notamment, fit remarquer que le plus souvent ce qui empêchait le breveté d'exploiter, c'était le manque de capitaux, et que si le breveté
était menacé d'une si prompte déchéance, il trouverait bien
plus difficilement encore des prêteurs. Sur ces observations on porta d'un an à deux la limite au delà de laquelle
l'inaction ne pouvait se prolonger sans encourir la
déchéance. Il faut dire d'ailleurs que les inconvénients de
cette disposition sont corrigés par la faculté reconnue au
breveté de justifier des causes de son inaction ; sur ce point

la jurisprudence se montre très tolérante, et admet très
largement les causes d'excuse.

INTRODUCTION EN FRANCE D'OBJETS FABRIQUÉS A L'ÉTRANGER ET SEMBLABLES A L'OBJET DU BREVET

L'article 32, § 2, déclare « déchu de tous ses droits le breveté qui aura introduit en France des objets fabriqués en
pays étranger et semblables à ceux qui sont garantis par
son brevet ». Le même article contient un second alinéa
ainsi conçu depuis la loi du 20 mai 1856 : « Néanmoins, le
ministre de l'Agriculture, du Commerce et des Travaux
publics pourra autoriser l'introduction : 1° des modèles de
machines; 2° des objets fabriqués à l'étranger destinés à
des expositions publiques ou à des effets faits avec l'assentiment du gouvernement. »

L'exposé des motifs a parfaitement fait ressortir le but
que l'on se proposait en établissant cette cause de
déchéance : on a voulu protéger l'industrie française contre
l'industrie étrangère. Il ne faut pas, disait-on, que celui
qui est protégé par la loi de son pays refuse de faire profiter le travail national de la main-d'œuvre résultant de
l'emploi de son industrie. — Il est permis de trouver que
le législateur s'est ici montré prévoyant à l'excès et qu'en
définitive l'industrie française ne serait pas compromise si
cette cause de déchéance était supprimée. L'industrie
française est suffisamment protégée par l'obligation imposée par l'article 32, § 2, d'exploiter en France : la cause de
déchéance que nous étudions fait donc double emploi avec
la précédente. Le législateur a évidemment sacrifié, non

seulement les intérêts du breveté, mais aussi ceux du consommateur, qui souffre de l'obligation où est le producteur
de fabriquer en France quand il pourrait le faire à meilleur compte en pays étranger.

A quelque point de vue que l'on se place, on ne
peut découvrir les avantages du système admis par le
législateur de 1844. Imbus des théories protectionnistes,
les rédacteurs de cette loi n'ont pas aperçu les dangers qui
pouvaient résulter de cette prohibition. La loi de 1791
était conçue dans le même esprit lorsqu'elle défendait au
breveté français de se faire breveter à l'étranger. On comprit plus tard que cette défense était funeste aux commerçants français, puisqu'en laissant libre au dehors une fabrication soumise chez nous à un privilège, on rendait la
concurrence de nos industriels impossible sur les marchés
étrangers. La loi de 1844, tout en supprimant cette disposition de la loi ancienne, a laissé cependant subsister dans
une certaine mesure le système suranné de 1791, en adoptant une solution intermédiaire. Les rédacteurs de cette loi
semblaient d'ailleurs se rendre compte des inconvénients
de la solution qu'ils avaient adoptée, car, tout en maintenant
le principe de la prohibition, ils avaient apporté des tempéraments à la rigueur du texte.

En somme, on peut dire que cette cause de déchéance indiquée dans l'art. 32, § 3, n'a pas de de raison d'être. Aussi,
dans sa séance du 12 septembre 1878, le Congrès de Paris
proposait-il à l'unanimité moins une voix de la faire disparaître. La Conférence internationale du 20 novembre 1880,
dans son projet de convention, se prononçait également
dans le même sens. D'autre part, les lois étrangères les
plus récentes n'ont pas édicté la déchéance pour cause d'introduction. Nous citerons la loi allemande du 25 mai 1877,

la loi espagnole du 30 juillet 1878, la loi luxembourgeoise
du 30 juin 1880, et enfin la loi du Brésil du 14 octobre 1882.

Quoi qu'il en soit, pour appliquer cette cause de déchéance,
il faut s'inspirer du but de la loi : on a redouté la concurrence faite en France à l'industrie française. C'est donc
dans cet esprit que les tribunaux devront prononcer la déchéance. Étudions d'abord la question en ce qui concerne
les introducteurs, puis au point de vue des choses, nous
verrons quelles sont celles dont l'introduction en France
est prohibée sous peine de déchéance.

Au point de vue des personnes, il y aura d'abord déchéance si le breveté a introduit des objets similaires à
ceux que garantit le brevet; de même aussi dans le cas où
l'introduction a été faite par un tiers autorisé du breveté
ou de connivence avec lui : par exemple, si l'inventeur
ayant commandé des objets de son brevet à un commer-
çant français savait que son fournisseur les faisait exécuter à l'étranger. L'introduction par le licencié entrainera
aussi la déchéance si le breveté a connaissance de l'introduction et l'autorise tacitement. Mais la déchéance ne
s'appliquerait pas si le breveté ignorait le fait d'importation
par un tiers : le législateur a voulu seulement frapper le
breveté pour le préjudice qu'il a volontairement causé à
l'industrie française.

Supposons que deux personnes aient un droit de co-pro-
priété sur un brevet. L'une d'elles introduit en France des
objets fabriqués à l'étranger : faudra-t-il prononcer la déchéance ? La question est très délicate. Prononcer la déchéance du brevet, c'est frapper d'une peine injuste le
co-propriétaire innocent; ne pas la prononcer, c'est permettre de violer impunément la loi et créer, en quelque
sorte, deux situations juridiques contradictoires et impos-

sibles à concilier: d'un côté, le droit absolu du public admis à jouir de l'invention déchue ; de l'autre côté, le droit exclusif du co propriétaire du brevet qui conserve son monopole. Les auteurs sont divisés sur ce point : les uns, M. Blanc notamment, préfèrent l'impunité ; mais le plus grand nombre prononcent la déchéance, sauf recours contre l'introducteur de la part de celui qui est étranger au fait de l'introduction. On répond facilement que les droits de ce dernier ne sont nullement sauvegardés en cas d'insolvabilité de l'introducteur : la déchéance alors frappera d'une manière définitive des innocents. C'est pourtant ce système que nous suivrons, parce qu'autrement la disposition de la loi de 1844 serait trop facilement violée.

La question se pose de même à l'égard des associés. La difficulté n'est pas bien grande en ce qui concerne les sociétés en nom collectif : on prononcera la déchéance s'il y a introduction en France par un des co-associés, soit qu'il soit gérant, soit qu'à défaut de gérants nommés, il ait le droit qu'ont tous les autres d'administrer. Celui qui a en effet la signature sociale engage tous les biens de la société, et on ne voit pas pourquoi on ferait exception pour le brevet. Mais que décider au cas où l'introduction aurait été faite par le gérant d'une société en commandite alors que le breveté n'était dans cette société que simple commanditaire? La question ici pourrait être sérieusement débattue. N'est-il pas exorbitant de rendre le commanditaire responsable des actes du gérant, lui qui ne peut pas les empêcher? D'autre part, n'est-il pas vrai de dire que si l'introduction n'est pas faite par lui, elle est faite pour son compte, puisqu'elle profite à la société dont il fait partie? C'est cette dernière opinion, un peu rigoureuse, il faut le reconnaître, qui a été admise par un juge ment du tribunal de Toulon confirmé par la cour d'Aix (15 février 1865, *Ann. de la propr. ind.*, 68, 42). « Attendu, dit ce jugement, que la circonstance que l'associé est simple commanditaire est indifférente au point de vue de la responsabilité qui lui incombe, que, simple commanditaire, il n'en est pas moins membre de la société, participant à ses bénéfices, et que l'introduction de ses produits en France est son fait comme celui du gérant responsable, etc. » C'est cette opinion que nous admettrons, quoiqu'elle soit un peu rigoureuse pour le commanditaire, les raisons données par l'arrêt semblant concluantes. Les mêmes motifs, au surplus, amèneront à un résultat analogue dans toute les sociétés.

Voyons maintenant quelles sont les choses dont l'introduction est prohibée sous peine de déchéance.

Ce que la loi défend, c'est l'introduction d'objets semblables à ceux qui sont garantis par le brevet. La prohibition ne s'applique donc pas aux matières premières qui doivent servir à la fabrication. Autrement on en viendrait à dire que les produits ne sont pas brevetables lorsqu'ils ne peuvent être obtenus qu'à l'aide de matières étrangères.

Mais la prohibition s'applique-t-elle aux divers éléments dont peut se composer l'objet du brevet, par exemple, aux organes d'une machine ? Le breveté qui ferait venir de l'étranger toutes les pièces de son appareil et les assemblerait en France n'encourrait-il pas la déchéance pour avoir introduit en détail ce que la loi lui défendait d'introduire pour l'ensemble ? Et si l'introduction en France de toutes les pièces de la machine était une cause de déchéance, faudrait-il décider de même si une seule avait été introduite ?

Nous pensons qu'il y a ici à distinguer, non pas si le

breveté a importé toutes les pièces de la machine brevetée ou une seule, mais bien s'il a introduit une pièce faisant par elle-même l'objet du monopole concédé par le
brevet. Ce que le breveté ne doit pas importer, ce qu'il
doit fabriquer en France, c'est précisément ce qui fait
l'objet de ce monopole. Quant aux parties accessoires ou
aux parties déjà connues, il peut impunément les faire
venir de l'étranger. Si donc son invention consiste dans
une combinaison d'organes déjà connus, il pourra, sans
encourir de déchéance, introduire séparément ces différents
organes pour les agencer ensuite en France, car ce qui est
nouveau, ce qui fait l'objet du brevet, c'est la combinaison.
S'il introduit en France qu'une pièce unique, cette
pièce est-elle un élément déjà connu ? il en a le droit ; au
contraire, constitue-t-elle la partie nouvelle, essentielle,
qui constitue en réalité l'invention et fait l'objet du brevet ?
alors la déchéance devra être prononcée. C'est donc d'a-
près la loi du brevet que les tribunaux devront apprécier
s'il y a ou non déchéance.

Il se peut que des objets aient été fabriqués à l'étranger
et introduits en France en fraude des droits du breveté. Le
breveté peut faire confisquer ces objets à son profit; supposons qu'il livre au commerce ces objets contrefaits qu'il
a fait saisir, ne se rend-il pas par là complice de l'introduction, et la déchéance ne peut-elle pas être prononcée ? La
question est diversement résolue par les auteurs. M. Pouillet (n° 543) enseigne que la déchéance doit être prononcée :
le breveté connaissant la provenance de l'objet doit le réex-
porter à l'étranger : il causerait un tort évident à l'industrie française en laissant sur le sol français ces objets. En
outre, on peut craindre que le breveté ne s'entende avec un
tiers pour frauder la loi : un tiers, par exemple, consentirait

fabriqués à introduire des objets à l'étranger et au moment
où ces objets seraient introduits, le breveté saisirait et
ferait opérer la confiscation à son profit.

Nous ne croyons pas que la fraude que l'on redoute
puisse être présumée ; si elle est établie, elle entraînera la
déchéance, mais en dehors de ce cas, il serait rigoureux
de faire retomber sur le breveté l'impossibilité d'un acte
auquel il n'a concouru ni directement ni indirectement,
puisque nous supposons qu'il a ignoré le fait d'introduction. On veut que le breveté réexporte les objets importés
ou qu'il les conserve dans ses magasins, mais c'est là lui
occasionner beaucoup de frais si les appareils contrefaits
sont nombreux et encombrants. Enfin et surtout, les termes
de l'article 32 ne sont pas ici applicables, parce que l'introduction, non seulement n'a pas été autorisée par le breveté,
mais a été faite en fraude de ses droits (1).

Faisons remarquer que la déchéance serait applicable
dans le cas où le titulaire du brevet français introduirait
en France les produits de l'exploitation d'un autre brevet
qu'il aurait pris à l'étranger. Le texte ne fait, en effet, aucune distinction ; la loi impose à tous les brevetés les
mêmes obligations.

Il nous reste deux questions importantes à résoudre.
Nous avons supposé que les objets introduits étaient destinés à demeurer en France, que faut-il décider si ces
objets sont introduits en transit ou en entrepôt. La différence qui sépare le transit de l'entrepôt consiste en ce
que les objets en entrepôt, à la différence de ceux qui sont
en transit, ne sont pas nécessairement réexpédiés à
l'étranger, ils peuvent être retirés de la douane après l'acquittement des droits.

(1) Voir M. Blanc, *Propriété industrielle*, n° 385.

1° Introduction en transit. — Celui qui introduit en transit des objets fabriqués à l'étranger et semblables à ceux garantis par son brevet, encourt-il la déchéance ? La question ne s'est jamais posée en pratique sous cette forme ; mais il a été jugé par la cour de Rouen, le 12 février 1874 (1), que l'introduction en transit par un tiers faisait encourir les peines de la contrefaçon : ce qui conduit à décider que l'introduction par le fait du breveté ferait encourir la déchéance. Il existe en effet entre ces deux questions un lien intime qui commande une solution identique pour chacune d'elles : les actes dont le breveté doit s'abstenir sont précisément ceux qu'il aurait le droit de réprimer s'ils étaient commis par d'autres. Il serait contradictoire que la loi française protégeât d'une part ce que d'autre part elle condamne.

Cela posé, nous n'admettons ni le délit de contrefaçon à la charge du tiers introducteur, ni la déchéance contre le breveté. D'abord le sens grammatical du mot « introduction » implique l'idée que la marchandise entre dans le pays de destination et y reste pour y être consommée. Or cette double idée ne se retrouve pas dans le fait du transit. De plus, ce que la loi a voulu atteindre dans l'introduction comme dans les autres hypothèses de l'article 41, dit M. Bédarride (2), « c'est l'atteinte portée au droit du breveté, c'est la concurrence que l'usage, l'emploi ou la mise dans le commerce de la chose brevetée tend à créer au grand préjudice du propriétaire du brevet. Or où est l'atteinte, où la concurrence, où le préjudice dans le cas d'un simple transit ? » Aucun préjudice en ce cas n'est, en effet,

(1) Sirey, 1874, 2, 282.
(2) Bédarride, n° 568.

causé au breveté, et on ne voit pas pourquoi on punirait
de même l'introduction en transit et l'introduction définitive. La Cour de Rouen, il est vrai, dans l'arrêt cité plus
haut, fait observer qu'il peut y avoir dommage causé au
breveté en ce sens que des objets introduits en transit
pourront ensuite être présentés aux acheteurs étrangers
comme ayant été fabriqués par le breveté lui-même. Ceci
est assurément fort exact ; mais de ce qu'un dommage peut
exister en certains cas, devons-nous en conclure d'une
manière générale que toutes les fois que des objets seront
introduits en transit, il y aura délit pénal assimilé à la
contrefaçon ? Nullement : les lois pénales sont de droit
étroit, et dès lors elles ne peuvent pas être appliquées à un
cas qu'elles n'ont pas prévu formellement. Ainsi il n'y a
pas, selon nous, contrefaçon dans le fait d'introduire en
transit des objets contrefaits à l'étranger et logiquement
nous décidons que l'introduction en transit par le breveté
ne lui fait pas encourir la déchéance. Tout ce que la loi
exige de lui, c'est qu'il exploite ; s'il satisfait à cette obligation, peu importe qu'il introduise en transit des objets
semblables à ceux garantis par son brevet, qui auraient
été fabriqués ailleurs qu'en France. Admettre une autre
solution serait d'ailleurs non seulement contraire au texte
et à l'esprit de la loi, mais en outre fort préjudiciable aux
intérêts généraux. La prospérité du pays est intéressée à
ce que le transport des marchandises étrangères soit effectué par les voies françaises, et il n'y aurait profit pour
personne à interdire le passage, puisque ce passage ne
peut causer aucun préjudice à qui que ce soit (1).

(1) Voir toutefois en ce sens : M. Blanc ; *Code des inventions,* p. 356
— M. Gastambide, *Traité des contrefaçons,* n° 84 ; — MM. Rendu et Ch. Delorme, *Traité pratique de droit industriel,* n° 505.

2° Introduction en entrepôt. — La déchéance est-elle encourue quand les objets, au lieu d'être introduits en transit, sont introduits en entrepôt. Ces objets, nous l'avons dit, peuvent être retirés de la douane après l'acquittement des droits ; la question ne peut donc être résolue à priori : il faut distinguer, suivant nous, si les objets ont été réexpédiés à l'étranger où s'ils ont été livrés à la consommation française. Dans le premier cas, nous rentrons dans l'hypothèse précédente ; dans le second cas, l'introduction est tout aussi répréhensible que si, dès l'origine, l'objet avait été destiné à la consommation en France. Toutefois il faut reconnaître que cette solution en pratique ouvre la porte à de nombreuses fraudes, et nous comprenons que les tribunaux aient cru devoir considérer l'objet entreposé à la douane comme vraiment introduit en France (Paris, 28 novembre 1861., *Ann. de la prop. ind.*, 62, 422).

Après avoir étudié la portée du principe de la déchéance, voyons les cas dans lesquels la règle a été déclarée inapplicable.

La loi de 1844, elle-même, faisait une exception au principe dans le cas de l'article 29 ; la loi du 31 mai 1856, nous l'avons vu, est venue atténuer dans une certaine mesure ce que cette disposition avait de mauvais. Sous l'empire de la loi de 1844, en effet, l'administration combinant d'une façon littérale et rigoureuse l'article 32 *in fine* et l'article 29, avait admis que l'introduction ne serait permise que dans l'espèce même prévue, c'est-à-dire lorsque l'introducteur déjà breveté à l'étranger demande à produire son modèle à l'appui d'une demande en France. L'exposé des motifs met bien en lumière ce qu'il y avait de singulier dans la loi de 1844, telle que l'interprétait la jurisprudence : il arrivait que l'autorisation du ministre ne pouvait

pas être obtenue dans des cas où elle aurait été nécessaire :
un individu exploitant dans deux pays et ayant été breveté
dans les deux pays, ne se trouvait pas dans les conditions
exigées et ne pouvait jamais obtenir l'autorisation nécessaire. Ce fut la loi du 31 mai 1856 qui permit au ministre
d'autoriser d'une façon générale l'introduction en France
1º des modèles de machine, 2ª des objets destinés aux expositions publiques ou à des essais faits avec l'assentiment
du gouvernement. Il nous faut voir quels sont les effets,
quelle est l'utilité de cette autorisation.

A notre avis, l'autorisation ministérielle ne garantit pas
le breveté lorsque les objets n'ont pas été introduits pour
servir de modèles, figurer dans des expositions, ou être
employés pour des essais, mais en réalité pour être livrés
à la consommation. En vain dans ce cas le breveté exciperait de l'autorisation accordée ; on lui répondrait qu'il a
commis une fraude à la loi, et qu'il s'est servi de l'autorisation du ministre pour un but tout autre que celui qui
avait présidé à la délivrance.

D'un autre côté, à l'inverse, nous pensons également que
si l'autorisation ne couvre pas nécessairement le breveté,
elle n'est pas non plus absolument nécessaire pour le préserver de la déchéance. Il est possible, en effet, que le
breveté ait sans autorisation introduit des objets de fabrication étrangère destinés seulement à servir de modèles ou
d'échantillons. On a prétendu cependant, en s'appuyant sur
le texte même de la loi de 1856 que le législateur, pour couper
court à toute discussion, prohibe le fait même de l'introduction, indépendamment de toute intention, sans se
préoccuper de la destination de l'objet introduit. A quoi
servirait en effet la loi de 1856, a-t-on dit, s'il était permis
de se passer de l'autorisation ministérielle. Il semble donc

logique et rationnel d'admettre que la déchéance existe
toutes les fois que l'introduction n'est pas autorisée, quel
qu'en soit le motif, quelle qu'ait été la bonne foi de
l'introducteur ; nous pensons au contraire que la déchéance
ne peut être prononcée que si l'introduction a été faite
dans un but commercial. Dans ce cas seulement, en
effet, un préjudice est causé à l'industrie nationale. Si
l'introduction, quoique non autorisée, a un autre but, il
serait contraire à l'esprit de la loi de prononcer la
déchéance. Mais avec ce système il faut reconnaître que
l'autorisation ministérielle n'a que très peu d'utilité et
que la loi qui la prescrit est purement comminatoire. Aussi
des lois récentes ont-elles dispensé dans certains cas les
brevetés de l'autorisation ministérielle : telle est, par
exemple, la loi du 8 avril 1878 (article 2), promulguée à
l'occasion de l'Exposition universelle, et la loi du 5 juillet 1881 pour l'Exposition internationale d'électricité. C'est
là un heureux symptôme, qui permet d'espérer que le législateur ne tardera pas à faire disparaître complètement la
cause de déchéance qui nous occupe.

Quoi qu'il en soit, en l'état de la législation qui nous
régit, il faut entendre le système de la loi en ce sens que
la déchéance ne devra s'appliquer que si une intention
frauduleuse a présidé à l'importation de la marchandise.
La jurisprudence s'est à plusieurs reprises prononcée dans
le sens de l'opinion qui ne frappe le brevet de déchéance que
si l'introduction non autorisée a eu lieu dans un but commercial (Douai, 11 juillet 1846 ; Sirey, 1846, 2, 507. —
Paris, 8 juin 1855, Dalloz, 1856, 2, 208. — 19 janvier 1872,
Ann. de la propr. ind., 1872, 198). Dans ce système l'autorisation ministérielle conserve quelque utilité au point de
vue de la preuve. On doit présumer, en effet, que l'intro-

duction autorisée a été faite conformément au vœu de la loi ; la preuve contraire incombera à celui qui demande la nullité du brevet. Si, au contraire, l'introduction a été faite sans autorisation, il suffira, au demandeur pour justifier sa demande, d'établir le fait de l'introduction et le breveté devra pour se défendre prouver que l'introduction, quoique irrégulière, n'a pas été faite dans un but commercial et en fraude de la loi. Telle est l'utilité, il est vrai, fort restreinte que présente l'autorisation ministérielle.

Voici enfin une hypothèse qui s'est présentée en pratique : le breveté obtient du ministre l'autorisation d'introduire une machine fabriquée à l'étranger à titre de modèle, il s'en sert effectivement à ce titre, et quelque temps après il la vend ; la déchéance est-elle encourue ? Oui, disent certains auteurs (1) ; autrement, le breveté solliciterait toujours l'introduction de la machine à titre de modèle, et puis, après l'avoir fait servir à cet emploi, il la mettrait dans le commerce. Or il ne faut pas encourager la fraude.

Nous croyons, au contraire, avec la jurisprudence, qu'en pareil cas, la déchéance ne doit pas être encourue ; il serait en effet, par trop rigoureux, alors que le modèle introduit par le breveté a servi de spécimen à la fabrication française et a permis de la développer, d'obliger ce breveté à réexpédier l'objet à l'étranger, ou à le garder indéfiniment dans ses magasins. Toutefois nous ferons une restriction pour le cas où il serait établi qu'une arrière-pensée de fraude a existé au moment où le breveté sollicitait l'autorisation ministérielle ; et il n'y a pas à craindre ici, notons-le, que le fraudeur échappe à la déchéance, car le breveté

____

(1) M. Pouillet, n° 535.

de bonne foi aura toujours lui-même à prouver sa bonne foi ; on pourra toujours lui dire en effet : la preuve que vous destiniez tel ou tel objet au commerce, c'est que vous l'avez vendu. Cette opinion est, disions-nous, celle de la jurisprudence : il a été jugé, en effet, que, lorsqu'un breveté a été autorisé à introduire en France comme modèle une machine semblable à celle de son brevet, il peut ensuite la céder à un tiers, et ce tiers peut l'employer industriellement, sans que la déchéance soit encourue (Douai, 17 mai 1859, *Ann. de la propr. ind.*, 1862, 247).

DEUXIÈME PARTIE

DES ACTIONS EN NULLITÉ OU EN DÉCHÉANCE

Le brevet donne à celui qui l'obtient le droit exclusif d'exploiter son invention. Mais ce privilège n'est accordé par la loi qu'en retour des services 1endus par le breveté à la société. Si donc le breveté ne remplit pas les conditions qui sont imposées par la loi de 1844, le monopole dont il jouit est sans cause et devient injuste. Nous avons vu dans la première partie quelles sont les causes de nullité qui peuvent affecter le brevet, quelles sont aussi les causes de déchéance d'un brevet valable à l'origine ; nous n'avons pas à y revenir. Il nous faut maintenant rechercher comment on pourra faire tomber ce brevet, qui porte injustement un préjudice considérable à l'industrie et à l'intérêt commun. Ainsi que nous l'avons indiqué au début de cette étude, deux voies bien différentes sont ouvertes à ceux qui se plaignent du brevet et veulent en contester la validité. Ils peuvent, s'ils le désirent, prendre les devants et attaquer directement le brevet, afin d'en faire prononcer la nullité ; ils ont aussi le droit de tenir le brevet pour non avenu, et, quand ils seront poursuivis par le possesseur de ce brevet, de se défendre en opposant la nullité ou la déchéance du titre en vertu duquel on prétend pouvoir les attaquer. Les tiers qui voudront ainsi attaquer le brevet auront à examiner quelle voie leur semble préférable : chacune a ses avantages et ses inconvénients. Agir par voie d'action présente l'immense avantage de prévenir toute difficulté quand on se propose d'exploiter soi-même une invention indûment brevetée : après avoir obtenu un jugement passé en force de chose jugée on pourra sans crainte faire toutes les dépenses nécessaires pour la fabrication. L'inconvénient de ce mode de procéder est de forcer à intenter une action et à soulever un procès qui en réalité est peut-être inutile. Il peut se faire que le breveté connaissant lui-même les causes de nullité de son titre laisse exploiter son invention sans jamais intenter d'action en contrefaçon. Si donc un industriel se croit certain d'arriver à démontrer la vérité de sa prétention, il peut se mettre à fabriquer et attendre une poursuite ; il opposera la nullité par voie d'exception. Le danger de cette voie est qu'on peut se tromper soi-même sur la valeur du titre et qu'on s'expose à une poursuite correctionnelle. Il peut même arriver que le breveté laisse pendant un certain temps fabriquer les produits dont il a le monopole, afin de pouvoir exercer une saisie plus fructueuse. En outre, nous verrons, en étudiant les effets des décisions rendues en pareille matière, que les effets de la nullité ainsi opposée sont bien moins étendus que ceux de la nullité prononcée à la suite d'une action.

Nous aurons à nous demander, en ce qui concerne l'action en nullité : par qui et contre qui elle peut être intenter ; quels sont les tribunaux compétents et la procédure à suivre ; quels sont les effets de la nullité prononcée ou du rejet de la demande. Enfin, au sujet de l'exception, nous aurons à rechercher quel est l'effet du jugement correctionnel.

PREMIÈRE SECTION

Par qui et contre qui peut être demandée la nullité ?

1° Et d'abord qui peut demander la nullité ? — Le
monopole, effet principal du brevet, peut porter atteinte
aux droits des autres citoyens et, par conséquent, doit
pouvoir être attaqué par eux; mais pour cela il faut
qu'ils y aient intérêt. Tel est le principe édicté dans l'article 34 de la loi de 1844 : « En France, disait le rapporteur,
on ne connaît pas d'action publique exercée par de simples
citoyens : ce serait le seul exemple où un simple particulier serait appelé, dans un intérêt social et non personnel,
à intenter une action devant les tribunaux ; ce serait une
chose exorbitante d'introduire une disposition aussi anor-
male dans nos lois. » Nous verrons plus loin que l'on a
accordé au ministère public des droits assez étendus pour
arriver au résultat qu'aurait pu produire cette action.

Pour qu'un simple particulier puisse agir, il faut donc
qu'il y ait intérêt. Mais la loi, en édictant cette disposition,
n'a fait que reculer les difficultés et non point trancher
toutes les questions qui peuvent s'élever. Il faut que l'intérêt soit réel, sérieux, justifié, disait le rapporteur. En
conséquence, « chaque particulier, avant de se livrer à des
travaux ou à des dépenses de fabrication quelquefois
considérables, a intérêt à faire décider si un privilège
existe ou n'existe pas; et la prétention affichée par un
breveté de jouir d'une exploitation exclusive est pour chaque imitateur futur un sujet d'inquiétude et d'alarme que
l'on doit être reçu à faire cesser pour ne pas être exposé
aux chances d'un procès en contrefaçon (1). »

(1) M. Renouard, n° 206.

Bien entendu ce droit appartiendrait aussi à celui qui ayant exploité l'invention pourrait craindre d'être l'objet d'une poursuite correctionnelle. Supposons que cet industriel ait déjà été poursuivi par le breveté en contrefaçon, et qu'une décision sur ce point ait été rendue ; peut-il demander la nullité du brevet ? Oui, s'il a obtenu gain de cause, car alors même il y a intérêt : l'exception de nullité admise par le tribunal correctionnel n'empêche pas une nouvelle poursuite, comme nous le verrons plus tard. Mais s'il a été condamné, l'industriel a encore un intérêt plus évident à demander la nullité afin de faire tomber le brevet qui a été cause de sa condamnation. Son échec dans l'instance en contrefaçon ne peut avoir entre lui et le breveté l'autorité de la chose jugée.

Il n'y a pas que ceux qui prétendent exercer la même industrie que celle qui fait l'objet du brevet qui auront le droit de demander la nullité du brevet. Tout industriel qui souffre directement ou indirectement du monopole revendiqué par le breveté aura le droit d'agir.

Le demandeur aura encore intérêt et par conséquent une action quand il invoquera la nullité d'un brevet ne contenant que des perfectionnements à une invention valablement brevetée. « L'intérêt du demandeur, dit le tribunal de Lyon, est suffisamment justifié par cela seul que le brevet de perfectionnement est d'une date postérieure et doit avoir une durée plus longue que le brevet qu'il perfectionne : il y a, en effet, intérêt à faire prononcer la nullité du second brevet pour pouvoir s'en servir sans contestation, soit après l'expiration du premier, soit dans le cas où celui-ci tomberait avant son terme légal dans le domaine public (Trib. civ. de Lyon, 22 nov. 1866).

Le simple consommateur aura-t-il le droit de demander

la nullité d'un brevet d'invention ? Il est impossible de nier l'intérêt qu'il peut avoir à cette nullité. L'industriel qui a un monopole en profite afin de vendre ses produits à un prix élevé ; si la concurrence peut s'établir, le consommateur aura ces mêmes objets à meilleur marché. Faut-il dire avec M. Nouguier (1) que pour les industries intéressant seulement une certaine classe de personnes la nullité ne pourra être demandée que par certaines personnes ? Oui évidemment, car il faut avoir intérêt, et ces personnes-là seules peuvent y avoir un intérêt sérieux. Mais cela vient de ce qu'elles sont les seuls consommateurs des objets brevetés. Le principe que nous avons posé n'est donc pas atteint.

Il n'y a aucune difficulté sérieuse sur les points que nous venons d'établir. Il n'en est pas de même pour ceux que nous allons maintenant examiner.

Celui qui a lui même pris un brevet postérieur peut-il demander la nullité du premier brevet ? Oui sans aucun doute. Il peut avoir intérêt à exercer lui seul le brevet qu'il a obtenu, ce qui est possible lorsque la délivrance du premier, à cause d'une description insuffisante ou même du défaut de description, ne peut porter atteinte au caractère de nouveauté de la seconde invention ; en tout cas, l'intérêt du second breveté existe en ce qu'il pourra se débarrasser du monopole qu'exerçait le premier, et se livrer à une libre concurrence. La Cour de cassation à décidé qu'on ne pouvait opposer au demandeur opposant la nullité pour défaut de nouveauté qu'en prenant lui-même un brevet il avait reconnu qu'il pouvait y avoir propriété privée à cet égard (2).

(1) Nouguier, n° 642.
(2) Voir également : Besançon, 8 juin 1870, *Ann. de la propr. ind.*, 1874, 295.

De même encore un ancien associé du breveté pourrait demander la nullité du brevet afin de pouvoir librement exploiter l'invention. On ne peut pas lui opposer qu'il en a reconnu la validité, même s'il s'était associé à des poursuites en contrefaçon. Nous donnerions la même solution à l'égard de celui contre lequel le véritable inventeur aurait revendiqué sa découverte et le brevet qui la garantissait. Dans tous ces cas, en effet, celui qui demande maintenant la nullité avait bien profité d'un monopole de fait qui résultait du brevet indûment délivré, mais il ne s'était jamais, à l'égard de qui que ce soit, engagé à ne pas attaquer ce brevet au cas où il y aurait intérêt.

Mais il ne faudrait pas conclure de ces différentes propositions que deux personnes ne pourraient pas transiger sur la validité d'un brevet d'invention : une personne qui, par transaction, aurait ainsi reconnu la validité du brevet, serait obligée d'en subir les conséquences et ne pourrait devant les tribunaux arguer le brevet de nullité (1). « La transaction, dit M. Pouillet, que font les parties d'un commun accord, par cela même qu'elle émane de leur libre volonté, a quelque chose de plus respectable, de plus sacré qu'une décision de justice : une convention transactionnelle a toute la force d'un aveu. Elle a dès lors entre les parties qui l'ont signée toute l'autorité de la chose jugée de telle sorte qu'elles ne peuvent plus remettre en question les points sur lesquels elles ont transigé (2). » Nous aurons à voir plus tard quelle pourrait être l'influence sur cette transaction de la nullité du brevet prononcée à la requête du ministère public.

(1) Lyon, 24 juillet 1868, *Ann. de la prop. ind.*, 1868, 342.
(2) M. Pouillet, n° 596.

Le cessionnaire peut-il intenter une action en nullité du brevet qui lui a été cédé? La première question à se poser est de savoir s'il y aura intérêt. Nous pensons que cela n'est pas douteux ; quand la nullité aura été prononcée, le cessionnaire, comme nous l'établirons plus tard, pourra demander au cédant garantie et par conséquent une restitution de tout ou partie de son prix de cession. L'intérêt du cessionnaire est donc évident. Mais peut-il lui-même prendre les devants et faire prononcer la nullité? On conçoit, dit-on, que, quand la nullité absolue aura été prononcée sur la demande du ministère public, le cessionnaire l'oppose au breveté et demande la résolution de son contrat; mais quand le monopole qu'il a entendu acquérir est entier, si nul ne le trouble, de quoi se plaindrait le cessionnaire? Cette considération nous amène déjà à conclure que si le monopole est attaqué par un tiers qui fait prononcer la nullité du brevet à son profit, le cessionnaire pourra s'appuyer sur ce fait pour faire prononcer, lui aussi, la nullité et résoudre son contrat; on ne voit pas comment il en pourrait être autrement.

Mais nous pensons devoir aller plus loin et décider que le cessionnaire pourra toujours demander la nullité du brevet. Il y a intérêt, avons-nous dit ; or la loi déclare que ceux qui ont intérêt peuvent demander cette nullité. Personne, dit-on, n'a encore touché à son monopole. Qu'est-ce que cela fait? nous n'aurons à nous occuper de cette circonstance que quand nous aurons à régler les effets de la nullité prononcée. Maintenant nous sommes en présence d'un brevet qui est nul et d'une personne qui a intérêt à faire prononcer cette nullité. Pourquoi vouloir que le cessionnaire soit obligé de payer le droit de fabriquer les objets compris dans le brevet, même avec le privi-

lège plus ou moins certain de le faire seul, losqu'il lui
est loisible, puisque le brevet est nul, de le faire librement en subissant la concurrence des autres commerçants. Le cessionnaire est le seul juge de son intérêt et
peut préférer la libre fabrication au monopole payé. La
Cour de Paris a décidé justement, suivant nous, que le
cessionnaire assigné en payement du prix de la cession
peut y résister en soutenant que la cession est nulle (Paris,
2 février 1861, *Ann. de la propr. ind.*, 1861, 77).

Cette argumentation nous amène tout naturellement à
dire que le simple licencié lui-même pourra demander
cette nullité. On dit qu'il ne souffre pas de l'existence du
brevet puisqu'il peut fabriquer librement. Nous répondrons qu'il en souffre, puisqu'il doit payer le droit de faire
ce que, sans le brevet, il pourrait faire librement et sans
rien payer.

Y a-t-il encore intérêt à demander la nullité du brevet
après son expiration, et en conséquence pourrait-on intenter une action à ce moment ? En ce qui concerne l'avenir,
l'intérêt n'existe certainement plus. Il peut se faire au
contraire qu'on ait contrefait dans le passé l'objet breveté et qu'on soit passible des peines de la contrefaçon,
parce que la prescription n'est pas acquise. Une poursuite
en contrefaçon est intentée ; quel est dans ce cas, l'intérêt
que peut avoir le contrefacteur à demander par voie d'action la nullité ? Se faire renvoyer des fins de la poursuite ?
Mais il le peut en opposant la nullité devant le tribunal
correctionnel, et comme pour l'avenir aucune poursuite
n'est possible, on ne voit pas, comme le dit M. Pouillet, ce
que la décision du tribunal civil, ajouterait à celle du
tribunal correctionnel.

Si nous croyons devoir décider que la demande en nul-

lité ne peut pas être intentée après l'expiration du brevet,
nous n'irons pas jusqu'à dire qu'une demande régulièrement intentée ne devrait pas suivre son cours dans le cas
où le brevet viendrait à disparaître avant le jugement. Il
est de principe qu'on doit se placer au moment même où la
demande est intentée pour en apprécier la validité ; les
plaideurs ne doivent pas souffrir des retards dans l'administration de la justice.

Les jugements, dit un vieil adage, sont bons pour ceux
qui les obtiennent : de là un inconvénient considérable.
C'est la société, en général, qui souffre de l'existence
du monopole ; l'intérêt social doit donc avoir, au même
titre que l'intérêt privé, le droit et les moyens de se
prévaloir des causes de nullité ou de déchéance, qui
peuvent atteindre le brevet. D'un autre côté, il est toujours regrettable d'avoir un nombre considérale de décisions qui ne sont pas toujours en parfaite harmonie.
Pour éviter ce double inconvénient, il n'était pas possible de songer à accorder une autorité absolue aux
jugements obtenus par un particulier. Mais n'était-il
pas facile de charger un organe des pouvoirs publics
de représenter la société elle-même, devant les tribunaux, et de faire prononcer à l'égard de tous la nullité
du brevet ? C'est ce qu'a pensé le législateur de 1844. Mais
alors, si tout le monde était d'accord sur ce principe, il n'en
était pas de même sur les moyens de le mettre à exécution. D'après le projet, le ministère public n'intervenait
pas dans les actions intentées, mais quand un jugement ou
arrêt prononçant la nullité ou la déchéance avait acquis
force de chose jugée, il pouvait se pourvoir pour faire prononcer la nullité ou déchéance absolue du brevet. La
Chambre des Pairs, en adoptant cet article, subordonnait

néanmoins l'action du ministère public à l'initiative du ministre de la Justice qui, avisé du jugement passé en force de chose jugée, aurait prescrit de poursuivre. C'est cette dernière condition qui fit repousser l'article par la Chambre des députés. Cette intervention du ministre de la Justice était contraire à la dignité du parquet. Du reste pourquoi attendre que le jugement soit passé en force de chose jugée ? Ne vaut-il pas mieux intervenir dans l'instance même et terminer le tout par une seule décision ?

Mais, qu'on le remarque, l'utilité de l'intervention plus ou moins directe du ministère public fut hautement proclamée. « L'article (celui qui fut définitivement voté) est d'une haute utilité. Il peut éteindre cette calamité de procès qui s'attachent avec tant d'abondance aux brevets d'invention. En effet, on n'a rien fait lorsqu'on a attaqué un brevet et fait procurer la déchéance. Celui qui a gagné son procès s'entend avec celui qui a perdu pour exploiter ensemble l'objet de l'invention. C'est le public seul qui perd son procès, car malgré la déchéance prononcée le monopole continue et de nombreux procès surgissent de toutes parts. C'est un fléau auquel il fallait mettre un terme et c'est pour cela que nous proposons d'autoriser le ministère public, toutes les fois qu'il y aura des causes graves de déchéance, à requérir l'anéantissement complet du brevet, de telle sorte qu'il n'y ait plus aucune contestation possible avec qui que ce soit. On peut s'en rapporter à la prudente sagesse et à la réserve des magistrats pour être sûr que cette intervention ne sera pas intentée à la légère et multipliée outre mesure. »

Après avoir, en citant les paroles du rapporteur, justifié ce nous semble, la disposition de la loi, il nous reste à voir plus en détail les attributions du ministère public en ce qui concerne la demande en nullité ou déchéance d'un brevet d'invention.

Le ministère public peut jouer un double rôle. D'abord toute demande en nullité ou déchéance doit lui être communiquée, il doit donner ses conclusions. Mais il ne joue là qu'un rôle accessoire, comme cela lui arrive dans un certain nombre d'affaires, entre autres celles qui intéressent les incapables.

Il peut aussi remplir un rôle plus actif, devenir lui-même un des plaideurs engagés dans le débat. « Dans toute instance tendant à faire prononcer la nullité ou la déchéance d'un brevet, le ministère public pourra se rendre partie intervenante et prendre des réquisitions pour aire prononcer la nullité ou la déchéance absolue du brevet. Il pourra même se pourvoir directement par action principale pour faire prononcer la nullité dans les cas prévus aux numéros 2, 4 et 5 de l'article 30 », dit l'article 37.

Ainsi le ministère public peut se pourvoir par action principale ou par voie d'intervention. Il peut prendre l'initiative de la demande et assigner lui-même le breveté, ou bien encore il peut attendre qu'un procès soit entamé par des particuliers et se rendre partie intervenante et requérir une nullité absolue dans l'intérêt de la société.

Le ministère public ne peut se pourvoir directement que dans trois cas déterminés : 1° Quand la découverte n'est pas susceptible d'être brevetée parce qu'elle a pour objet des compositions pharmaceutiques ou des remèdes de toute espèce, ou bien encore des plans et combinaisons de crédit ou de finances ; 2° quand l'invention est contraire à l'ordre ou à la sûreté publiques, aux bonnes mœurs ou aux lois de l'État; 3° quand le titre sous lequel le brevet a été demandé indique frauduleusement un objet autre que le véritable objet de l'invention. On a considéré que ces différents cas intéressaient l'ordre public plus particulièrement, et qu'il ne pouvait être question d'attendre qu'une demande soit intentée par un particulier.

Dans tous les autres cas le ministere public ne peut que se rendre partie intervenante, quand il le juge à propos. En effet, on ne saurait obliger le ministère public à demander la nullité de tous les brevets qui sont soumis aux tribunaux. Dans quelles actions cette intervention est-elle possible? Dans toute instance tendant à faire prononcer la nullité ou déchéance d'un brevet, nous dit la loi. Par conséquent peu importe que ce soit une demande principale ou reconventionnelle ; peu importe encore que la partie ait formellement conclu ou non à la nullité du brevet, pourvu qu'il puisse résulter du jugement chose jugée sur cette question.

Le ministère public, partie intervenante, prend place dans l'instance à coté de la partie qui a entamé le procès. Il joue lui-même le rôle de plaideur principal et non pas accessoire. Donc si le demandeur se retire du procès, se désiste de la demande, cela n'aura aucune influence sur le droit du ministère public qui pourra seul continuer l'instance et faire prononcer la nullité absolue. Pour la même raison, le ministère public peut encore seul interjeter appel de la décision rendue par le tribunal de première instance. Il est admis, en effet, que l'accord intervenu entre le demandeur et le défendeur ne peut préjudicier aux droits de la partie intervenante.

De cette décision nous tirerons une conséquence : c'est que la partie qui a gagné son procès contre le ministère public doit lui signifier le jugement afin de faire courir les délais d'appel (1).

Nous avons supposé le ministère public intervenant en première instance. Pourrait-il intervenir pour la première fois en appel ? Il faut répondre négativement. Ce serait priver injustement le défendeur des deux degrés de juridiction ; ce serait de plus contrevenir aux termes de l'article 466 du Code de procédure civile, qui ne permet l'intervention en appel que de la part de ceux qui auraient le droit de former tierce opposition, et le ministère public n'a certainement pas ce droit (2).

(1) Il est à peine nécessaire de faire observer qu'en appel le membre du parquet chargé de prendre la parole pourrait soutenir une prétention opposée à celle du procureur de la République.

(2) Cette attribution du ministère public dans les instances en nullité ou déchéance de brevets d'invention a fait naître une question intéressante en ce qui concerne les frais de l'instance. Qui les supportera? Pas de difficulté, si le ministère public triomphe : le breveté payera les frais d'après la règle générale.

Si le breveté, au contraire, gagne son procès, sera-t-il néanmoins obligé de payer les frais du procès qui lui a été injustement intenté ? cela serait injuste quand le ministère public agit par voie d'action principale et directe ; la plupart des auteurs pensent que le Trésor devra acquitter tous les frais. Sans doute, dans notre législation, le ministère public n'est pas d'ordinaire condamné aux dépens, mais ici nous sommes en présence d'une action civile qui lui est donnée dans des formes et des conditions tellement exceptionnelles qu'on peut admettre une dérogation au principe du droit commun qui affranchit des dépens le ministère public. Cette solution s'inspire de raisons d'équité d'une force réelle et nous croyons qu'elle doit être admise. (En ce sens : M. Pouillet, n° 616 ; M. Nouguier, n° 631 ; M. Renouard, n° 202. — Contra : M. Duvergier.)

Supposons maintenant que le ministère public figure comme partie intervenante : les frais de l'intervention devront-ils incomber

2° Voyons maintenant qui sera défendeur dans cette instance en nullité ou déchéance. Nous nous occuperons d'abord des cas dans lesquels la demande est formée par un particulier, puis nous verrons les dérogations apportées à ces règles par suite de l'intervention du ministère public ou quand c'est lui qui intente la demande principale. Les différences entre ces deux cas s'expliquent toutes par ce principe que la nullité prononcée en faveur d'un particulier n'est que relative.

a. — La demande en nullité émane d'un simple particulier. Si nous supposons qu'au jour de la demande, c'est le breveté lui-même où ses héritiers qui sont propriétaires du brevet, ce sera contre eux que la demande sera intentée. Dans le cas où le breveté aurait cédé son droit en totalité à un tiers, l'action sera intentée contre ce cessionnaire, qui tient la place du breveté.

La difficulté augmente quand le breveté a cédé une partie seulement de ses droits à un tiers, ou quand il a cédé son brevet par parties à différentes personnes. On peut intenter la demande contre celui-là dont on craint le droit, qui peut un jour ou l'autre poursuivre en contre-

---

au demandeur principal en nullité? La question est encore douteuse. Les frais doivent être à la charge du Trésor, disent quelques auteurs, parce que l'intervention spontanée du ministère public ne doit jamais aggraver la position des demandeurs qui n'avaient pas le droit de s'y opposer. Il nous paraît, au contraire, que le demandeur a dû prévoir que son action allait provoquer l'intervention du ministère public : il a par son initiative exposé le breveté à un danger et occasionné des frais; l'équité n'est donc pas blessée si on condamne ce demandeur à payer tous les frais qui n'auraient pas été faits sans sa demande téméraire. Nous pensons donc que le Trésor ne supportera pas les dépens si le ministère public n'a succombé que comme partie intervenante.

façon. Ainsi le breveté a cédé une application spéciale de
son brevet, et c'est cette application qui me porte préjudice :
j'intenterai l'action contre ce cessionnaire partiel, sans
être tenu de mettre en cause le breveté.

Je puis agir soit en même temps contre tous les cessionnaires, soit successivement contre chacun d'eux en particulier. Bien entendu, dans tous les cas, la décision du tribunal ne peut avoir d'effet que contre ceux qui ont été parties au procès. Du reste les différents cessionnaires atta-
qués peuvent mettre en cause le breveté, et celui-ci peut
aussi intervenir pour défendre son droit ou celui de ses
cessionnaires. M. Nouguier (1) est le seul auteur, à notre
connaissance, qui ait soutenu que, même dans le cas où la
nullité était invoquée par des particuliers, il fallait mettre
en cause les cessionnaires dont les titres avaient été
enregistrés au ministère du Commerce. C'est évidemment
contraire à l'article 38 qui ne l'exige que dans le cas d'action ou d'intervention du ministère public.

Dans le cas où le breveté n'aurait gardé aucune partie
de son invention, pourrait-on intenter contre lui une
action en nullité ? Nous ne le pensons pas. Cependant
M. Pouillet est d'un avis contraire. « Même lorsqu'il a cédé
son brevet en totalité, le titulaire conserve un intérêt d'a-
mour-propre, un intérêt de paternité qui l'attache, qui le
rive en quelque sorte au brevet et fait qu'il en reste quand
même le défenseur naturel. Il a même, à dire le vrai, un
intérêt matériel et direct. Il est de principe, en effet, que
le titulaire du brevet garde un droit aux récompenses honorifiques ; l'aliénation qu'il fait de son droit n'est donc
pas en général tellement complète qu'il ne reste obligé,

____

(1) M. Nouguier, n° 630.

pour conserver le droit dont nous venons de parler, à défendre son titre même après qu'il en a cédé la propriété (1). » Ces raisons justifient bien le droit que possède le breveté d'intervenir dans l'instance engagée. Mais elles ne justifient en rien la prétention que pourrait avoir un tiers de faire prononcer la nullité de ce brevet à l'encontre du breveté. Quel intérêt sérieux ce demandeur peut-il donc avoir à lui enlever la satisfaction d'amour-propre ou le droit aux récompenses honorifiques ? S'il n'a pas d'intérêt, il ne peut avoir d'action, car l'intérêt grave est la limite du droit d'action des particuliers qui ne peuvent se poser en vengeurs de la vérité méconnue.

Il est à peine nécessaire de faire remarquer que ceux qui ont obtenu des licences n'ayant à aucun titre la propriété du brevet, ne peuvent être appelés devant les tribunaux pour entendre prononcer la nullité du brevet.

b. — Ces différentes décisions souffrent de nombreuses dérogations quand le ministère public intente lui-même l'action en nullité ou se porte partie intervenante. « L'action du ministère public, disait l'exposé des motifs, ayant pour but de détruire complètement le brevet, de manière qu'il ne soit plus permis à personne d'en réclamer les effets, il fallait évidemment qu'il mît en cause, comme le prescrit l'article 38, tous les ayants droit qu'il peut connaître, c'est-à-dire ceux dont les titres sont enregistrés au ministère de l'Agriculture et du Commerce. » La loi ayant organisé elle même un système de publicité pour les mutations de propriété des brevets, système analogue à la transcription en matière hypothécaire, le ministère public n'a pas à s'inquiéter en principe de ceux qui n'ont point rempli

(1) M. Pouillet, n° 563.

cette formalité. Pour lui, ils sont légalement inconnus, et le jugement les atteindra. Mais s'ils sont légalement inconnus, cela ne veut pas dire qu'ils sont réputés inexistants. Dans toute instance les personnes intéressées à la solution d'un litige, et telle est bien la situation de nos cessionnaires qui ne se sont pas fait connaître, peuvent intervenir ; seulement comme, s'ils n'ont pas été appelés, c'est une conséquence de leur faute, ils ne pourront intervenir qu'à leurs frais. M. Bédarride ajoute, et nous croyons devoir adopter son opinion, que s'ils ne sont pas intervenus, « ils ne pourront, quel que soit leur intérêt, former tierce oposition au jugement d'annulation. Il a dépendu d'eux d'éviter le préjudice qu'ils éprouvent ; leur désobéissance à la loi ne saurait leur créer aucun titre (1). »

DEUXIÈME SECTION

Des tribunaux compétents et de la procédure.

Au sujet de la compétence, deux questions peuvent se poser : 1° devant quelle classe de juridiction doivent être intentées les demandes ? 2° dans cette classe, quel est le tribunal compétent ?

1° *Compétence* ratione materiæ.

L'article 34 de la loi de 1844 nous dit « que les actions en nullité ou déchéance, ainsi que toutes autres contestations relatives à la propriété des brevets seront portées devant les tribunaux civils de première instance ». Il n'y

(1) M. Bédarride, n° 569.

a donc pas de doute quand il s'agit d'une demande principale tendant à faire prononcer la nullité ou la déchéance du brevet. La solution nous paraît encore certaine quand il s'agit d'une demande reconventionnelle, même quand elle est faite à propos d'une question portée devant une autre juridiction. Lorsque la demande tend à faire prononcer la nullité, l'article 34 de notre loi exige que ce soit le tribunal civil qui statue.

La question de validité du brevet peut se présenter devant les tribunaux comme moyen d'exception, comme défense à la demande principale. La juridiction saisie, si elle n'est pas le tribunal civil, doit-elle surseoir à statuer jusqu'à ce que ce tribunal ait rendu une décision ou bien peut-elle apprécier les moyens de défense qui sont opposés et statuer ainsi implicitement sur la validité ou la nullité du brevet ? Aucun doute n'est possible en ce qui concerne le tribunal correctionnel : lorsqu'une personne poursuivie en contrefaçon oppose la nullité du brevet comme défense à l'action, le tribunal de répression est juge de l'exception (art. 46 de la loi de 1844). Nous aurons plus tard à nous demander quelle est la portée de cette décision. Mais remarquons que le tribunal correctionnel ne peut statuer sur cette question qu'à titre de défense à l'action et, par conséquent, qu'autant que l'exception serait soulevée par le prévenu lui-même. C'est ainsi que le tribunal serait incompétent pour statuer sur une demande reconventionnelle ou sur la demande du plaignant qui, pour établir la contrefaçon, voudrait faire prononcer la nullité d'un second brevet pris par le défendeur. De là encore cette autre conséquence : que le ministère public ne peut que requérir l'application de la peine, mais non pas se porter partie intervenante devant la juridiction correctionnelle.

S'il est certain que le tribunal de police correctionnelle
peut connaître de la validité d'un brevet par voie d'exception, la question est beaucoup plus délicate en ce qui concerne les autres juridictions. Un breveté a cédé la propriété de son invention et actionne l'acheteur devant le tribunal de commerce pour obtenir le payement du prix ; le
défendeur oppose la nullité du brevet, mais sans demander
au tribunal de la prononcer dans son dispositif et sans réclamer des dommages-intérêts : le tribunal de commerce
est-il compétent pour statuer ? La jurisprudence admet la
négative (1), et tel est aussi l'avis de la majorité des auteurs.
Les principaux arguments invoqués dans cette opinion
sont les suivants. L'article 34, dit-on, est formel et attribue
aux tribunaux civils compétence exclusive sur toutes les
questions de validité du brevet. Et à cela il y avait une raison
que nous explique l'article 36, d'après lequel toutes ces questions doivent être communiquées au ministère public. Or
c'est seulement devant les tribunaux civils qu'il existe un
organe du ministère public. De plus, il est certain que telle a
été la volonté du législateur de 1844, puisque sur une question spéciale il permet de déroger au principe et attribue
compétence au tribunal correctionnel appelé à connaître
d'une poursuite en contrefaçon. C'est donc qu'en règle
générale toute autre juridiction que le tribunal civil ne
peut connaître de ces questions à titre d'exception à la
demande principale.

L'opinion contraire répond avec beaucoup de force, suivant nous, que, si l'article 34 de la loi attribue aux tribunaux civils la connaissance des actions en nullité ou dé-

(1) Riom, 27 mai 1862, *Ann. de la propr. ind.*, 1863, 274 ; et
Bordeaux, 10 novembre 1869, *Ann. de la propr. ind.*, 1870, 171.

chéance, c'est-à-dire des actions qui tendent à faire disparaître entre les mêmes parties ce brevet objet de la contestation, il n'en est pas de même pour tout autre procès dans lequel la validité d'un brevet pourrait être mise en question comme simple moyen de défense à l'action principale. Le principe est que le juge de l'action se trouve en même temps le juge de l'exception et le texte de l'article 34 n'est pas assez formel pour déroger à cette règle. Qu'on n'oppose pas que toute question relative à un brevet doit être communiquée au ministère public. Cette règle ne s'applique qu'aux procès dont il est question dans l'art. 34 : cela est évidemment démontré par son but, qui est de mettre le ministère public en mesure de faire prononcer au profit de tous une nullité qui est demandée par un particulier à son profit personnel. Quant à l'article 46, qu'on invoque par un argument *a contrario*, il ne saurait fournir une base certaine au système adverse qu'autant qu'il serait une exception au droit commun ; or nous avons vu qu'il n'en est que l'application et par conséquent ne peut nous être opposé. Mais alors, dira-t-on, il est inutile ! Soit ; cependant sa présence s'explique par ce double fait que le législateur rencontrant cette question à propos de contrefaçon, a voulu la trancher ; il a même dû trancher cette question, parce que, dans le projet, on avait proposé une disposition contraire, qui ordonnait au tribunal correctionnel de surseoir à statuer jusqu'après la décision du tribunal civil.

La même question s'élève à propos de la juridiction arbitrale. Mais il ne faut pas faire de confusion. Nous ne voulons pas dire qu'il soit permis de déférer à des arbitres, au moyen d'un compromis, la connaissance de la question de nullité ou de validité du brevet. En effet, il est interdit de compromettre sur toute difficulté qui doit être communiquée au ministère public (article 1004 Code de procéd. civ.) Nous voulons simplement dire que si, dans une question soumise à des arbitres et ayant un autre objet que la validité ou la nullité du brevet, cette question se pose incidemment comme moyen de défense, d'exception au profit de l'une des parties, elle peut être appréciée et tranchée, quant à cette affaire spéciale, par les arbitres euxmêmes. Telle est du moins la solution qui nous semble devoir être admise par tous ceux qui sont d'avis que les tribunaux de commerce sont compétents dans de semblables circonstances.

En ce qui concerne l'autorité administrative, il est certain qu'elle ne peut prononcer la nullité d'un brevet d'invention delivré par le ministre. Elle ne pourrait même pas, comme nous l'avons déjà fait observer, prononcer la dechéance pour défaut de paycment de taxe. M. Blanc est cependant d'un avis contraire ; il fonde son argumentation sur ce que, dans l'opinion adverse, cette cause de déchéance disparaîtrait. En effet, si elle ne peut être prononcée que par les tribunaux civils, qui les saisira de la question ? Le ministère public? Mais il ne peut agir directement d'office dans ce cas ; les particuliers? mais ils ne connaitront pas la cause de déchéance, ou, s'ils la connaissent, ils n'attaqueront le brevet que s'ils y ont un intérêt actuel et jusquelà le trésor se verra frustré de ses droits, le breveté exploitera sans payer la taxe.

Nous repousserons ce système, qui ne serait pas admissible même si l'argument sur lequel il repose était fondé. C'est là une critique de la loi qui n'a pas semblé suffisante aux rédacteurs puisque, dans leur œuvre, ils n'en ont tenu aucun compte. D'ailleurs ils n'avaient pas à s'y arrêter. Les particuliers, dit-on, ne pourront pas connaître la cause de déchéance. Mais qui donc empêche le ministre du Commerce de publier à certaines dates les divers brevets dont la taxe n'a pas été acquittée ? Quant à dire que les tiers n'agiront pas parce qu'ils n'y auraient pas intérêt actuellement, cet argument n'a pas beaucoup de valeur. Le breveté ne sera pas tenté même dans ce cas de jouir de son brevet sans payer la taxe, parce que du jour au lendemain, dès qu'un intérêt pécuniaire se trouverait en jeu, la déchéance pourrait être demandée devant le tribunal et obtenue sans difficulté. Que le breveté exploite sans payer la taxe, tant que personne n'a intérêt à la déchéance, nous n'y voyons pas grand mal ; dans ce cas, n'exploiterait-il pas dans les mêmes conditions, même s'il n'avait pas de brevet ? Le ministre du Commerce ayant déclaré déchu un breveté qui ne payait pas la taxe, le Conseil d'État annula sa décision. « Considérant qu'aux termes de l'article 34, les actions en nullité et en déchéance de brevet d'invention doivent être portées devant les tribunaux civils de première instance. » (Conseil d'État, 27 mai 1848, Sirey, 1848, 2, 567.)

Si la juridiction administrative n'est pas compétente pour prononcer la nullité ou la déchéance, il ne s'ensuit pas que jamais cette juridiction n'aura à statuer sur certaines questions en matière de brevet. Les brevets en France sont délivrés sans examen préalable ; cependant le ministre doit voir si les formalités exigées pour la demande d'un brevet d'invention ont été observées ; le ministre doit certainement refuser un brevet quand l'objet est non brevetable aux termes de l'article 3, ou quand la description n'existe pas. Supposons que dans un de ces cas le ministre accorde cependant un brevet ; pourra-t-on recourir au Conseil d'État pour faire annuler cette décision ministérielle pour excès de pouvoir ? Oui, sans doute ; mais ici ce qu'on

attaque, ce n'est pas à proprement parler le brevet en lui⁻
même, mais un acte administratif donnant lieu à un recours
pour excès de pouvoirs. Du reste c'est une hypothèse peu
pratique, et dans ces différents cas, il serait beaucoup plus
simple de faire prononcer la nullité du brevet sans attaquer la décision ministérielle, parce que ce brevet est
atteint d'une cause de nullité : il n'y aurait point là atteinte
au principe de la séparation des pouvoirs.

2° Compétence ratione personæ.

Parmi les tribunaux civils, devant lequel devra-t-on
porter la demande ? Lorsque le titulaire du brevet est
unique, que ce soit le breveté ou un cessionnaire, il n'y a
aucune dérogation au droit commun ; la demande sera
portée devant le tribunal du domicile du défendeur, ou, s'il
n'a pas de domicile, devant celui de sa résidence. Si le titulaire est une société, il faut agir devant le tribunal du siège
social et non devant celui du domicile du gérant, même quand
ce gérant serait ce breveté lui-même qui plus tard à mis
en société l'exploitation de son brevet.

Il s'agit dans notre matière de domicile réel et non du
domicile élu dans un acte. Le breveté, dans sa demande en
délivrance, doit faire une élection de domicile, de même
dans le cas où il fait pratiquer une saisie pour cause de
contrefaçon. Si on veut demander la nullité ou la déchéance,
on ne peut, même quand on est le contrefacteur saisi, porter
la demande devant le tribunal d'un de ces domiciles élus.
Le premier, en effet, ne concerne que les rapports de l'administration avec l'inventeur ; le second n'a trait qu'à la
saisie et aux suites de la saisie, telles que la demande en

main levée, les offres réelles, etc. « L'élection de domicile que le paragraphe final de l'article 59 du Code de procédure civile déclare attributive de juridiction, ne peut guère se supposer en notre matière (1).

D'après M. Nouguier (2), lorsque le domicile réél du breveté n'est pas connu, l'assignation donnée au domicile élu dans la demande de délivrance du brevet ne peut être attaquée par le breveté qui a reçu cette assignation. Nous concevons qu'il y ait là une situation délicate pour les tiers, qui ne pourraient faire tomber un monopole s'ils ne connaissent pas le domicile réel de celui qui possède ce monopole; mais il nous est impossible d'admettre le remède proposé. La loi est peut-être mal faite, mais ce qui prouve bien que l'opinion que nous repoussons est contraire à la vérité juridique, c'est que M. Nonguier lui-même exige que le breveté ait eu connaissance de cette assignation. Si les tiers avaient le *droit* de l'assigner à ce domicile, peu importerait le fait que le défendeur en ait eu ou non connaissance.

Cependant si le breveté est un étranger qui n'ait en France ni domicile, ni résidence, on ne peut être forcé d'aller le suivre devant son propre tribunal à l'étranger. Si l'étranger exploite en France, la difficulté disparaît, et nous pensons que c'est devant la juridiction du lieu d'exploitation que doit être portée la demande en nullité. « Si au défaut de domicile et de résidence se joint le défaut d'exploitation, l'ajournement sera valablement donné devant le juge du domicile élu dans la demande du brevet, et à plus forte raison à celui qui aurait été élu dans un procès-

(1) M. Bédarride, n° 498.
(2) M. Nonguier, n° 673.

verbal de saisie. Il ne peut pas être que par son fait
l'étranger puisse rendrel'action en nullité ou en déchéance
irréalisable. Or comment la réaliser s'il a plu à l'étranger
de n'avoir en France ni domicile, ni résidence, ni exploitation ? » Ces raisons développées par M. Bédarride,n° 499,
nous portent à adopter la même solution que lui.

Il se peut que le brevet ait été cédé à différentes personnes, que le breveté en ait lui-même gardé une part. La
demande en nullité peut être intentée contre l'un de ceux
qui peuvent se prévaloir de l'existence du brevet. Elle
peut aussi être portée contre tous ou plusieurs des ayants
droit au brevet. Devant quel tribunal intenter la demande ?
« S'il y a plusieurs défendeurs, ils seront assignés au tribunal du domicile de l'un d'eux, au choix du demandeur
(article 59, Code de procéd. civ.). » La loi de 1844 apporte à
ce principe une dérogation quand parmi ceux qui sont assignés se trouve le breveté lui-même. « Si la demande est
dirigée contre le titulaire du brevet et un ou plusieurs cessionnaires partiels, elle sera portée devant le tribunal du
domicile du titulaire du brevet. » Les titulaires d'un brevet font souvent de nombreuses cessions pour les différentes parties de la France ; ils auraient pu ainsi d'après
la règle générale être appelés à plaider devant de nombreuses juridictions, souvent fort éloignées du centre de
leurs affaires. On n'a pas voulu, suivant les expressions de
l'exposé des motifs, que ces hommes utiles soient forcés
d'aller soutenir partout ces procès où ils sont souvent les
seuls véritables intéressés. Cette faveur du reste nous paraît restreinte au titulaire primitif et ne peut s'étendre
au cessionnaire de la totalité du brevet qui auraitlui-même
par la suite fait des cessions partielles.

Il est évident que cet article 35 de la loi doit être

observé par le ministère public qui demande la nullité du brevet, quand il a le droit de le faire par voie d'action principale. La question est beaucoup plus délicate quand il ne fait qu'intervenir. Supposons une instance en nullité engagée contre un cessionnaire partiel : le ministère public convaincu que le brevet n'est pas valable et porte atteinte aux droits légitimes de la société veut élargir le débat et faire prononcer la nullité absolue ; pour cela, il doit mettre en cause tous les intéressés et par conséquent le titulaire du brevet lui-même. Pourra-t-il le faire, si le tribunal saisi n'est pas celui du domicile du breveté ? Pour le lui permettre, on a soutenu que l'article 35 ne modifie la règle ordinaire de compétence qu'autant qu'il s'agit d'une demande principale formée par un particulier ou le ministère public. Mais il ne saurait être question de l'appliquer quand il s'agit d'une intervention dans une instance valablement engagée, et on ne saurait admettre que le tribunal, à la veille de rendre son jugement, devra se dessaisir de l'affaire pour le renvoyer au tribunal du domicile du breveté. Cependant nous ne saurions admettre cette solution. La loi a voulu qu'on ne puisse appeler directement le breveté que devant son tribunal ; comment permettre de violer facilement cette disposition en intentant une demande devant un autre tribunal, et en mettant ainsi le ministère public en mesure d'y appeler le breveté ?

Mais il faut bien reconnaître qu'indirectement le breveté pourra être appelé à plaider devant une autre juridiction que celle de son domicile. D'abord l'article 35 ne serait pas applicable si la demande en nullité se présentait comme demande reconventionnelle lors d'une poursuite en contrefaçon intentée au civil par le breveté lui-même et le cessionnaire partiel. La Cour de cassation a même décidé que quand une action civile en contrefaçon était intentée et donnait lieu à une demande reconventionnelle en nullité, le tribunal du domicile du breveté qui serait plus tard saisi d'une demande en nullité du brevet devrait ordonner le renvoi au tribunal saisi de l'instance en contrefaçon (3 déc. 1844, Dalloz, 1849, 1, 40). C'est que rien dans la loi de 1844 n'autorise à penser que les règles du Code de procédure civile relatives aux exceptions et par suite au renvoi pour cause de connexité, ne soient pas applicables à la matière des brevets. (V. art. 171, Code de procéd. civ.)

Le breveté pourra encore être appelé devant un autre tribunal que celui de son domicile quand il sera assigné en garantie par le cessionnaire poursuivi lui-même par une action en nullité.

3° *Procédure.*

L'affaire doit être instruite et jugée dans la forme prescrite pour les affaires sommaires. Sans doute il s'agit là de procès souvent très importants et difficiles à trancher. Mais les droits sur lesquels on plaide et dont le procès gênera l'exercice sont temporaires, et, suivant l'exposé des motifs, la matière a les plus grandes analogies avec les matières commerciales pour lesquelles le législateur a toujours établi la procédure la plus abrégée. De cette nécessité de trancher rapidement la difficulté est née la question de savoir si la demande devait être soumise au préliminaire de conciliation. Du reste on ne voit pas trop quelle pourait être cette conciliation entre deux parties dont l'une demande la nullité et l'autre soutient la validité du brevet c'est-à-dire d'un monopole. Aussi M. Pouillet, s'appuyant sur l'article 48 du Code de procéd. civ. qui dispense de conciliation les demandes qui requièrent célérité, écarte cette formalité. Nous préférons dire qu'il peut y avoir une lacune dans la loi de 1844, mais qu'il n'est pas possible de ne pas tenter la conciliation dont le résultat pourrait être une licence accordée au demandeur. Toutes les affaires sommaires y sont soumises en principe et on ne peut dire qu'il s'agit là d'une demande requérant célérité aux termes de l'article 48 du Code de procédure. La demande ne sera donc dispensée de la conciliation qu'autant qu'elle sera formée contre plus de deux défendeurs.

L'affaire doit être communiquée au ministère public qui, doit nécessairement donner ses conclusions à peine de nullité du jugement ; peu importe qu'il s'agisse d'une demande principale ou reconventionnelle. Mais nous rappelons que, pour le ministère public, donner ses conclusions n'est pas se porter partie intervenante.

En dehors de ces règles, nous devons suivre toutes les formalités du Code de procédure civile. Nous avons vu qu'il pouvait y avoir des interventions : elles se produiront dans la forme réglée par les articles 339 et suivants de ce Code : elles seront formées par requête qui contiendra les moyens et conclusions dont il sera donné copie ainsi que des pièces justificatives. Le ministère public lui-même, quand il se porte partie intervenante, doit observer ces formalités. Il ne pourrait prendre de simples conclusions qui ne seraient pas signifiées au défendeur.

S'il y a lieu d'appeler en cause d'autres parties que celles qui s'y trouvent déjà, ce qui aura lieu très souvent quand le procureur de la République interviendra, il faudra nécessairement le faire par un exploit introductif d'instance qui leur sera signifié.

Nous appliquerons encore les règles ordinaires en ce qui concerne la preuve. C'est au demandeur à prouver le bien fondé de sa prétention : ainsi c'est à lui, quand il invoque la nullité parce qu'il existerait une antériorité, d'en fournir la preuve complète, même en matière correctionnelle ; le breveté, qui cependant demande une condamnation, n'a point à démontrer la validité du titre sur lequel est basée la poursuite. Le doute profite nécessairement au breveté. Quoique le brevet soit délivré sans examen préalable, il constitue un titre auquel provision est due. Il faut donner la même solution, même au cas où la déchéance est demandée pour défaut d'exploitation pendant deux ans. Mais c'est une règle générale dont l'application rigoureuse pourrait souvent arriver à entraver l'exercice du droit de demander la déchéance. En effet, c'est là la preuve d'un fait négatif toujours très difficile à établir. Cependant il sera quelquefois possible de faire cette preuve directe par le mauvais état des appareils de fabrication. D'un autre côté, en cette matière, il est toujours possible d'invoquer la preuve testimoniale et par conséquent de s'appuyer sur de simples présomptions graves, précises et concordantes. Quand le demandeur aura établi ces présomptions, ce sera alors au défendeur à les faire tomber en administrant la preuve contraire, preuve qu'il devra faire complète, car rien ne lui est plus facile, si l'exploitation a été sérieuse, que de montrer par exemple ses livres de commerce qui en font foi ; c'est aux magistrats à agir dans ces circonstances avec beaucoup de prudence.

Tous les moyens de preuve sont admis. Cependant le tribunal pourrait approuver ceux qui ne lui paraissent ni pertinents, ni admissibles. Il pourrait aussi, pour compléter sa conviction, ordonner un supplément d'instruction,

par exemple, une expertise, !même si les parties n'y ont
pas conclu. Ce sera du reste souvent le seul moyen pour
le tribunal de résoudre ces questions délicates en connaissance de cause. A l'inverse, si les magistrats se trouvent
suffisamment éclairés, ils peuvent se refuser à ordonner
une expertise demandée par les parties en cause. Ce ne
sont là que les règles ordinaires applicables à tous les procès, et sur lesquels nous n'avons pas à insister, puisque la
loi de 1844 n'y apporte aucune dérogation.

TROISIÈME SECTION

Des effets des jugements qui prononcent la nullité ou la déchéance.

Nous avons vu entre quelles personnes l'instance pouvait s'engager ; nous connaissons les tribunaux compétents
pour trancher les difficultés, et les formalités à accomplir
pour arriver au jugement. Nous n'avons plus qu'une question à examiner : quel est l'effet de la décision rendue en
matière de brevets d'invention?

Les effets sont plus ou moins étendus suivant le rôle que
le ministère public a joué dans l'instance : ou bien il s'est
contenté de donner ses conclusions à l'audience sans se
poser comme l'adversaire du breveté, ou bien, au contraire,
il a lui-même intenté l'action, ou, ce qui est la même chose
dans notre question, il s'est porté partie intervenante.
Nous aurons donc à examiner les effets du jugement
1° quand l'instance est restée limitée entre particuliers :
2° quand le ministère public est intervenu.

Dans le premier cas la nullité ou déchéance prononcée

n'est que relative ; elle ne profite qu'à celui qui l'a obtenue ; mais quant à lui, il y a chose définitivement jugée et à son égard le brevet n'a jamais existé ou n'existe plus de sorte qu'il ne peut plus être invoqué par le breveté. De même l'effet du jugement est relatif en ce qu'il ne peut être invoqué que par celui qui l'a obtenu ; à l'égard de tous les autres le breveté peut soulever à nouveau la question et faire juger que le brevet est valable.

Si nous supposons que la nullité n'a pas été prononcée, le demandeur ne pourra plus, au moins pour la même cause, demander la nullité du brevet. Mais il était impossible que les tiers fussent représentés par lui et pussent se voir opposer une décision rendue en dehors de leur présence, un procès dans lequel ils n'ont pas été appelés à se défendre. C'est l'application pure et simple de l'article 1351, aux termes duquel « l'autorité de la chose jugée n'a lieu que quand la demande est entre les mêmes parties et formée par elles et contre elles en la même qualité ».

Cet article du Code civil nous amène à examiner une question. Lorsque la demande en nullité a été intentée contre un cessionnaire partiel, il est certain qu'elle ne produit d'effet que contre lui. Mais supposons la demande formée contre le titulaire du brevet et que ce titulaire soit seul connu des tiers parce que les différents cessionnaires n'ont pas eu soin de faire enregistrer au ministère du Commerce la cession qui leur a été consentie ; le titulaire du brevet succombe et la nullité a été prononcée : est-ce que plus tard, si un cessionnaire antérieur vient pratiquer une saisie et intente une poursuite en contrefaçon, on pourra lui opposer l'autorité de la chose jugée ? L'industriel se verrait injustement atteint, s'il ne pouvait pas opposer le jugement qu'il a obtenu contre le breveté, le seul qu'il a pu connaître et par conséquent attaquer. Aussi l'article 20 décide-t-il qu'aucune cession ne sera valable à l'égard des tiers qu'après avoir été enregistrée au secrétariat de la préfecture du département dans lequel l'acte de cession aura été passé ; ces transmissions doivent être ensuite envoyées au ministère du Commerce. Donc, si la mutation est restée secrète, le cessionnaire ne pourra invoquer son droit de cession, et se verra justement opposer le jugement intervenu entre le breveté et le tiers.

Quand le ministère public est intervenu, le jugement qui prononce la nullité ou la déchéance a un effet absolu, et le breveté est déchu à l'égard de tous. Le jugement peut être invoqué même par ceux qui n'ont pas été parties au procès. « Le bénéfice de cette poursuite, dit l'exposé des motifs, exercée dans l'intérêt de la société et par son représentant naturel, est acquis à toute personne intéressée. » Puisque tout intéressé a le droit de profiter de la nullité ou de la déchéance prononcée, comme s'il l'avait obtenue lui-même, il faut la faire connaître, la publier. Pour cela, quand le jugement aura acquis l'autorité de la chose jugée, il en sera donné avis au ministre du Commerce et la nullité ou la déchéance sera publiée dans la forme déterminée par l'article 14, pour la proclamation des brevets, c'est-à-dire par un décret inséré au *Bulletin des lois*. Cette publication aura lieu tous les trois mois. Il peut se faire que l'arrêt de la cour d'appel soit cassé, et que la nouvelle décision soit contraire à la première : de là un inconvénient très grave pour le breveté et pour les tiers qui pourraient être exposés à une poursuite en contrefaçon, et ne peuvent par conséquent se fier d'une façon absolue au décret. Aussi nous pensons avec M. Bédarride (n° 522) « qu'il est prudent et sage, qu'avant de donner à l'arrêt d'annulation la publicité prescrite, le ministre s'assure qu'il n'y a pas eu pourvoi, ou que le pourvoi a été rejeté ».

Sur cette autorité absolue du jugement rendu sur l'intervention du ministère public une difficulté considérable s'est élevée : avant la poursuite du ministère public, une personne avait déjà intenté contre le breveté une action en nullité reposant absolument sur la même cause, et elle avait perdu son procès. A l'égard de cette personne l'autorité de la chose jugée s'oppose à ce qu'elle puisse jamais en justice invoquer la nullité du brevet même pour se défendre dans un procès en contrefaçon. Puis le ministère public agit et fait prononcer la nullité. Se peut-il que la nullité soit assez absolue pour permettre à celui qui a précédemment perdu son procès de l'invoquer ou de l'opposer pour faire, par exemple, annuler une saisie faite par le breveté ? Maintenir, en ce qui le concerne, les effets du premier jugement c'est lui faire une situation bien rigoureuse et aller, ce semble, contre le vœu de la loi, d'après laquelle la nullité prononcée à la requête du ministère public fait disparaître à l'égard de tout le brevet en litige. Cependant la loi de 1844 n'a pas tranché la question, et il nous semble que l'article 37 ne suffit pas pour apporter une dérogation au principe de l'autorité de la chose jugée. Est-ce donc une situation bien rare dans notre législation de voir un même droit existant pour les uns, tandis qu'il est considéré comme n'existant pas à l'égard des autres ? Et puis est-ce que la transaction intervenue sur cette question entre deux personnes ne subsisterait pas même après la nullité prononcée sur la demande du ministère public ? Si on admet l'affirmative, comment accorder moins d'effet au jugement passé en force de chose jugée.

Une question non moins grave est celle de savoir si le
jugement qui repousse la prétention du ministère public
et refuse d'annuler le brevet a aussi une autorité absolue et
si la même demande ne pourra plus jamais être portée par
personne devant les tribunaux. D'abord il est certain que la
demande ne pourra plus être intentée par le ministère public
lui-même, soit devant le tribunal qui a déjà statué, soit devant
tout autre tribunal ; en effet le ministère public est indivisible, et ce qui est jugé à l'encontre d'un membre du parquet
est jugé à l'encontre de tous. Mais les particuliers se ver-
ront-ils opposer par le breveté l'autorité de la chose jugée?
Pour leur accorder ce droit, on s'appuie sur le fondement
même du droit d'action du ministère public. « Comme il
n'agit pas en son nom personnel, mais au nom de l'être
social, comme il ne défend pas ses intérêts, mais ceux de
l'universalité des citoyens, quand il plaide en cette qualité,
c'est en réalité tous et chacun qui plaident avec lui (1). »
On ajoute qu'il est juste que s'il peut perdre son droit à
l'égard de tous, le breveté en cas de succès voie ce
droit absolument et irrévocablement établi. Cette double
idée ne nous semble pas fondée et ne peut conduire à la
conclusion qu'on en veut tirer. Le ministère public ne représente point en réalité tous et chacun des membres de la
société : ceux-ci n'ont point été appelés à se défendre et ne
peuvent se voir opposer le jugement. Il est bien vrai que
tous pourront invoquer un jugement favorable ; mais c'est
là une dérogation aux principes de l'autorité de la chose
jugée, et nous ne pouvons l'étendre. Du reste, il n'y a rien
là d'injuste ni de bizarre : le breveté qui aura gagné son
procès sera certain de ne pas voir annuler son brevet

______

(1) M. Nouguier, n° 635.

d'une façon absolue ; s'il peut perdre, il peut aussi gagner
au résultat de l'instance Le législateur a organisé une déchéance et une nullité absolues, parce que, dans le cas où
le breveté appelé à se défendre sur l'intervention du
ministère public n'a pu établir la validité de son brevet,
de son monopole, il est juste de lui enlever le privilège
qui lui avait été concédé. Au contraire, il n'y avait aucune
raison d'organiser une espèce de validité absolue du brevet, une déchéance du droit que chacun possède de fabriquer librement tous objets du commerce, surtout quand les
tiers ne peuvent être appelés à se défendre eux-mêmes (1).

Nous donnerons cette solution même dans le cas où la
nullité n'aurait pas été prononcée dans une instance intentée
par le ministère public en vertu de l'article 37, § 2. Là
encore, il a représenté l'intérêt social et non l'intérêt par
ticulier de chacun, et, par conséquent, chaque citoyen conserve son droit. Nous ne pensons pas, en effet, qu'en
matière de brevets on puisse transporter les principes des
actions en nullité de mariage.

En résumé donc, en ce qui concerne les effets absolus ou
relatifs du jugement sur la nullité ou la déchéance, relativement aux personnes par qui et contre qui cette décision
peut être invoquée :

1° Quand l'instance a eu lieu seulement entre particuliers, elle n'a d'effet qu'à l'égard des parties ;

2° Quand la nullité a été prononcée sur la requête du
ministère public, l'effet du jugement est absolu et peut être
invoqué par toutes les personnes intéressées, même non

(1) En ce sens : M. Lyon-Caen, *Cours de législation industrielle.* — M. Renouard, n° 199. — M. Pouillet, n° 600. — M. Bédarride, n° 359. — M. Duvergier, n° 610. — MM. Rendu et Delorme,
n°ˢ 474 et 482.

portées au procès, sauf par celles contre lesquelles existerait un jugement passé en force de chose jugée et ayant
admis la validité du brevet ;

3° Le jugement qui repousse la demande du ministère
public a effet contre lui, et la demande ne pourrait plus
être reprise par aucun membre du parquet, à moins qu'elle
ne repose sur d'autres causes. Mais l'autorité de la chose
jugée n'existe qu'à l'égard de ceux qui étaient parties au
procès en même temps que le ministère public. Le brevet
demeure attaquable par toutes autres personnes.

Le jugement ne produit encore qu'un effet relatif à un
autre point de vue : « l'effet de la chose jugée n'a lieu qu'à
l'égard de ce qui fait l'objet du jugement. Il faut que la
chose demandée soit la même ; que la demande soit fondée
sur la même cause (article 1351). »

En conséquence, les parties qui ont déjà plaidé, le ministère public lui-même, pourraient intenter une nouvelle demande en ce qui concerne le même brevet et contre la
même personne pourvu que cette demande ait un autre
objet que la première. Par exemple, on peut avoir inutile-
ment demandé la nullité et intenter une action tendant à
faire prononcer la déchéance du même brevet, ou après
avoir demandé la déchéance, invoquer la nullité : l'objet
des deux instances dans ce cas est différent.

En ce qui concerne la déchéance, on peut échouer une
première fois, et cependant la demander encore dans un
procès ultérieur, même s'il s'agit de la même cause de
déchéance. En effet, la déchéance d'un brevet résultant de
faits multiples et qui peuvent se réaliser à chaque instant,
il peut se faire que lors de la première instance il n'exis-
tât, en réalité, aucune cause de déchéance, et que depuis
cette déchéance ait été encourue. C'est ainsi que chaque

année il est permis d'attaquer le brevet pour non payement de la taxe; c'est ainsi que chaque jour, pour ainsi
dire, on peut demander à faire prononcer la déchéance
pour cause d'introduction en France d'objets semblables à
ceux que garantit le brevet. Mais, bien entendu, dans chacune de ces demandes nouvelles, on ne pourrait pas faire
revivre les griefs anciens et qui ont déjà été repoussés par
une décision judiciaire passée en force de chose jugée.

Pour les nullités la difficulté est beaucoup plus considérable. Une demande en nullité peut être repoussée par cela
seul qu'une demande précédente aurait été rejetée ? La
difficulté provient de ce que le brevet est, au point de vue
de sa naissance et de ses éléments essentiels, valable ou
non et que, valable à un moment, il ne peut être atteint postérieurement par une cause de nullité. Aussi il n'est pas
douteux que si la demande portait sur le même paragraphe
de l'article 30 de la loi de 1844, par exemple, sur le défaut
de nouveauté ou sur la description insuffisante, elle devrait
être rejetée par le tribunal. Il pourrait se faire que le demandeur ait de nouveaux moyens à faire valoir, mais sa
demande n'aurait pas un autre objet ni une autre cause que
la précédente.

Que décider si la demande nouvelle s'appuie, non plus
sur le même paragraphe de l'article, mais sur une autre
cause de nullité ? Par exemple, on avait attaqué un brevet
pour défaut de caractère industriel et, après avoir perdu
son procès, on découvre et on veut prouver une antériorité.
Pourra-t-on soutenir cette prétention devant un tribunal
sans se voir repoussé par l'exception de chose jugée ? en
d'autres termes y a-t-il à proprement parler autant de
causes différentes que de paragraphes dans l'article 30 ? ou
bien n'y a-t-il que des moyens différents qui peuvent être
invoqués à l'appui d'une demande en nullité ?

Dans une première opinion, défendue par M. Dalloz, on ne voit dans ce que la loi de 1844 appelle des causes de nullité que des moyens que le demandeur peut invoquer. Dans une instance tendant à faire prononcer la nullité d'un brevet, quel est l'objet de la demande? Faire disparaître le brevet déclaré nul. Quelle est la cause même de cette demande? C'est que le brevet manque d'un des éléments auxquels la loi a subordonné l'existence et la validité du brevet. Du moment qu'il s'agira de faire prononcer à nouveau la nullité en s'appuyant sur ce que le brevet ne présente pas tous les éléments de validité, il y aura identité d'objet et identité de cause. Maintenant le brevet peut être affecté d'un vice, soit pour défaut de nouveauté, soit pour défaut de caractère industriel, soit parce que son objet est illicite ou immoral, etc. Ce sont là autant de moyens qui serviront de base à l'action et qui pourraient être invoqués soit séparément, soit concurremment.

Malgré cette argumentation, les auteurs et la jurisprudence se sont rangés à l'opinion contraire. L'article 30 déclare que les brevets sont nuls dans différents cas qu'il énumère. Dans une instance, lorsqu'une personne attaque un brevet, la demande tend à le faire considérer comme non avenu, elle a pour objet la nullité même du brevet. Mais cela ne suffit pas pour qu'il y ait autorité de chose jugée ; il faut qu'il y ait, non seulement identité d'objet, mais encore identité de cause. Quelle est donc la cause sur laquelle la demande est basée? Ce sera un ou plusieurs des vices qui sont énumérés dans l'article 30. Quant à ceux-là, la question est définitivement tranchée, mais elle reste entière quant aux autres (1). A cette opinion on objecte

(1) M. Lyon-Caen, *Cours de législation industrielle.* —

surtout les inconvénients pratiques. Voilà un industriel qui découvre une invention nouvelle, au moyen de laquelle il va fabriquer à meilleur marché; il prend un brevet. Si ce brevet est valable, c'est la ruine pour ses concurrents. Que vont faire ceux-ci? Attaquer le brevet et après avoir succombé une première fois, recommencer une seconde et ainsi de suite jusqu'à sept fois, se gardant bien d'invoquer dans une même instance deux causes de nullité. Le temps fixé pour la durée du brevet va s'avancer et d'un autre côté le breveté, s'il est pauvre, ne pourra pas soutenir tous ces procès et surtout ne pourra pas se procurer les capitaux nécessaires en présence de ces procès nombreux. Un tel résultat ne peut avoir été celui qu'a voulu atteindre le législateur. Nous ne chercherons pas à dissimuler ces inconvénients ; cependant, pour rester complètement dans la vérité, nous ne pouvons pas ne point faire remarquer que les frais de ces procès réitérés retomberont sur les demandeurs et que de plus ces poursuites ayant un caractère purement vexatoire les tribunaux accorderont des dommages et intérêts au défendeur et les magistrats devront se montrer d'autant plus rigoureux dans leur appréciation qu'ils découvriront de plus en plus le calcul des demandeurs et que le breveté souffrira davantage des tracas causés par ces demandes multiples.

Mais la Cour de cassation nous paraît avoir exagéré cette doctrine et être tombée dans l'erreur en prétendant que l'arrêt qui a rejeté une demande en nullité fondée sur ce

M. Pouillet, n° 566. — MM. Picard et Olin décident également, que le brevet belge peut être l'objet d'autant de demandes en nullité formées successivement par la même personne, qu'il y a de causes de nullité énoncées dans la loi belge.

que l'invention reproduisait les moyens du domaine public
ne fait pas obstacle comme chose jugée à une demande en
nullité fondée sur la divulgation de l'invention par le
breveté lui-même (9 décembre 1867, *Ann. de la prop. ind.*,
1868, 86) (1). La loi n'a pas établi deux causes de nullité, l'une
fondée sur ce que l'invention était pratiquée et connue par la
divulgation des tiers, l'autre sur ce que l'inventeur aurait
lui-même divulgué son œuvre. C'est le même article 31 qui
établit la nullité sans même faire allusion à aucune distinction. On objecte qu'il y a un fait personnel du breveté,
fait tenu soigneusement caché par lui, et qui doit pouvoir lui être opposé quand on vient à le découvrir. Cela importe peu ; il n'en est pas moins vrai qu'il n'y a qu'un moyen
nouveau à l'appui d'une demande déjà formulée et rejetée,
et que par conséquent il y a chose irrévocablement jugée.

Écartons maintenant toutes ces questions qui se rattachent à l'article 1351 et supposons le breveté ayant perdu
son procès. L'effet du jugement pourra être bien différent
suivant qu'il s'agira de la nullité ou de la déchéance. La
nullité, nous l'avons dit au début, est un vice qui atteint
le brevet dans son germe même et qui, par conséquent,
quand elle vient à être prononcée fait que le brevet n'a
jamais eu d'existence légale et n'a pu produire aucun effet
juridique. Donc toute poursuite en contrefaçon fondée sur
la violation de ce titre annulé tombe, toute saisie pratiquée doit être levée par le tribunal. Les effets de la
déchéance sont bien différents : la déchéance suppose un
brevet valable à l'origine et qu'elle atteint au cours de
son existence. Le brevet qui disparaît pour cause de déchéance ne peut plus dans l'avenir produire les effets

(1) Voir obs. de M. Pataille à la suite de l'arrêt.

juridiques attachés à ce titre ; mais dans le passé il a eu une existence qui n'est pas rétroactivement effacée. Si donc au mépris de ce brevet des objets similaires à ceux dont le monopole avait été réservé au breveté ont été fabriqués, ils pourront être saisis et si la prescription n'est pas encore acquise au contrefacteur, celui-ci pourra être poursuivi et condamné comme tel en police correctionnelle.

Une question intéressante est celle qui consiste à rechercher l'effet de la nullité ou de la déchéance du brevet au point de vue des conventions qui ont pu intervenir à son sujet. Le principe est que pour l'avenir le brevet est comme s'il n'avait jamais existé. Par conséquent toute convention qui supposerait nécessairement l'existence de ce brevet, devra tomber par suite de la nullité ou de la déchéance. Il en sera ainsi d'une société qui aurait été formée entre le breveté et des tiers dans le but même d'exploiter ce titre : la société ne peut subsister faute d'objet. Il importe de ne pas faire une confusion ; ce qui peut faire l'objet de la société, ce peut-être le brevet lui-même, mais ce peut-être aussi l'industrie des associés qui se sont réunis pour fabriquer tels ou tels objets. Dans ce dernier cas, si le monopole disparaît, l'objet de la société n'est pas atteint ; ses bénéfices pourront simplement être diminués. Il faut donc examiner dans chaque espèce si c'est le monopole ou non qui fait l'objet de la société.

Supposons maintenant un contrat pouvant subsister indépendamment du brevet, mais qui cependant s'y rattache intimement. La nullité ou la déchéance du brevet fait-elle tomber cette convention ? Nous avons déjà eu à nous demander incidemment quel serait l'effet d'une transaction sur une question de nullité entre le breveté et un tiers lorsque le brevet est dans la suite annulé sur la demande du ministère public. Sans doute, avant cette annulation le tiers ne pouvait lui-même demander la nullité du brevet, il ne pouvait fabriquer au mépris de ce titre. Reprendra-t-il ce droit quand le brevet aura été annulé au profit de tous? Assurément s'il venait à fabriquer, il ne pourrait y avoir poursuite en contrefaçon devant le tribunal correctionnel, la convention des parties ne pouvant créer un délit qui ne peut exister sans un titre appelé brevet et ce titre ayant disparu au point de vue social. Mais cet industriel pourrait-il être poursuivi pour réparation civile devant les tribunaux ordinaires? Telle serait, à notre avis, la meilleure solution. Le brevet annulé sur la poursuite du ministère public tombe certainement, mais il reste une convention antérieure qui n'est nullement contraire à l'ordre public et qui en conséquence doit recevoir son exécution. Qu'on ne dise pas qu'il y a là une convention nulle faute d'objet, au moins quand il s'agit d'un brevet atteint d'une cause de nullité. L'objet de la convention en matière de transaction est justement de faire disparaître entre les parties, au moyen de concessions réciproques, toute difficulté pouvant résulter de la nullité ou de la validité plus ou moins douteuse du titre sur lequel on transige.

La question est délicate en ce qui concerne la cession du brevet. La nullité prononcée pourra-t-elle être opposée par le cessionnaire qui invoquerait la garantie? Ce cessionnaire pourrait-il, par exemple, répéter le prix qu'il aurait déjà payé ou se refuser à faire ce payement encore dû?

D'après un premier système, la garantie en principe n'est pas due, et à l'appui de cette opinion on invoque deux sortes d'arguments. Mais avant d'entrer dans la discussion,

commençons par poser un principe incontestable : c'est
que la cession d'un brevet est une véritable vente : il
faudra donc chercher la solution de notre question au titre
même de la vente.

En partant de ce principe, quelques auteurs (1) ont
écarté la garantie dans la plupart des cas. Le cédant,
disent-ils, ne doit garantir que les vices cachés et non les
vices apparents. Or prenons tous les vices qui peuvent
affecter un brevet, et nous verrons que presque tous sont
des vices apparents, puisque en examinant son titre, en
l'étudiant par des recherches personnelles le cessionnaire
a pu se convaincre de l'existence de ses vices et traiter en
conséquence.

Cette première argumentation nous paraît inexacte et
l'article 1641, n'est pas applicable dans notre hypothèse.
Cette disposition est inapplicable au moins en principe
parce que les vices qui peuvent affecter le brevet ne sont
point, au sens de l'article 1642, des vices apparents dont le
cessionnaire a pu se rendre compte à première vue sans
avoir besoin de faire une étude approfondie. Comment af-
firmer que le défaut de nouveauté et de brevetabilité est
un vice apparent ? Comment soutenir que si une antériorité existe à Marseille, un industriel de Lille a pu s'en
convaincre facilement lorsqu'un inventeur est venu lui
proposer la cession d'un brevet analogue. Suivant la théorie
de ces auteurs, il faudrait effacer tout le chapitre de la
garantie dans notre Code, puisque l'acheteur, au moyen
d'une étude approfondie, peut toujours se rendre compte
de la vérité et nous ne concevons pas comment M. Pouillet

(1) M. Pouillet, n° 246 et suiv.— M. Allart, journal *La propriété
Industrielle* du 1ᵉʳ mars 1881.

considère comme vices cachés le défaut d'exploitation pendant deux ans et l'introduction en France d'objets similaires : le cessionnaire a pu s'en rendre compte tout aussi
bien que d'une antériorité.

D'un autre côté, ces auteurs nous semblent avoir confondu deux espèces de garanties. Quand un vice apparent
affecte un objet réellement existant, et dont la propriété
a bien été transmise, on présume que l'acheteur a payé un
prix moindre en considération même du vice. C'est ce qui
arrivera si l'invention brevetée ne produit pas, par suite
d'un vice apparent de l'invention elle-même, tous les effets,
tous les bénéfices que son titre promettait. Mais quand il
s'agit non plus d'un vice affectant une chose réelle, quand
il s'agit de l'existence même de la chose, de la transmis-
sion de sa propriété, l'article 1642 et ses motifs ne peuvent
plus s'appliquer. Il y a lieu à la garantie pour cause d'éviction, à moins que, par une clause spéciale, l'acheteur ait
pris la chose à ses risques et périls ou qu'il ait formellement connu le danger de l'éviction.

Examinons si telle est notre hypothèse. Puisque nous ne
supposons aucune clause spéciale, nous ne pouvons dire que
l'acheteur a pris la chose à ses risques et périls. Cependant
telle est la prétention des auteurs que nous combattons.
Il y a là, disent-ils, une espèce de vente particulière qu'ils
appellent une vente aléatoire. « Le brevet d'invention, dit
dans son article M. Allart, est par sa nature même soumis
à des éventualités, à des périls que ne connaît pas la propriété ordinaire ; il en résulte que sa cession offre un carac_
tère tout particulièrement aléatoire. Le cessionnaire est-il
assuré de pouvoir faire respecter le privilège qu'on lui
transmet et d'obtenir des tribunaux la répression de la

contrefaçon qui le menace ? Il est impossible de répondre à cette question au moment du contrat..... L'inventeur cède par conséquent son titre tel qu'il se comporte, avec toutes les chances de perte, avec tout l'aléa que le cessionnaire connaît parfaitement et dont il accepte les risques. » Cette argumentation ingénieuse ne nous convainc pas. Elle est contraire à l'article 1602 du Code civil, qui veut que le vendeur explique clairement ce à quoi il prétend s'obliger et aussi aux travaux préparatoires de notre loi de 1844. L'exposé des motifs, en expliquant la disposition de l'article 35, en donne comme fondement le fait que le breveté, même après la cession, demeure encore le véritable intéressé, *parce qu'il doit en principe garantie à ses différents cessionnaires.* Il n'est pas une seule obligation de garantie qui puisse résister à l'argumentation de MM. Pouillet et Allart, même en matière de propriété ordinaire.

Enfin M. Allart, a prétendu s'appuyer sur ce que la cession d'un droit litigieux est permise et produit des effets définitifs, même si la créance vient à être annulée. « N'est-il pas permis, dit-il, de considérer le brevet comme une sorte de droit légitime exposé, dès sa naissance, à mille contestations? La loi reconnaît bien elle-même que tel est son caractère, puisqu'elle le donne sans aucune espèce de garantie, prévenant par là l'inventeur du danger perpétuel qui le menace. » Nous avouons n'avoir jamais songé à considérer le brevet comme un droit litigieux, pas plus que tout autre droit. Sans doute il sera souvent soumis à de nombreuses contestations, et alors il deviendra litigieux de même qu'une créance dont on conteste la validité. Jusque-là, c'est un droit ordinaire qui doit être traité comme un droit de propriété légitime et non litigieux. La loi, dit-on, ne lui donne aucune espèce de garantie. C'est là une tout autre question. Délivré sans examen préalable, le brevet ne peut être garanti par la loi ou le gouvernement à l'encontre des droits légitimes des autres membres de la société. Le gouvernement, même en percevant un droit, ne fait aucune cession ou vente du brevet à l'inventeur qui l'obtient ; pas plus que la société, il ne peut être engagé. Le breveté cédant, au contraire, a fait un contrat, et ce contrat par sa nature emporte obligation de garantie.

Tel est aussi l'avis de M. Bédarride. « Il résulte de la nullité du brevet que son bénéficiaire a usurpé une chose qui était dans le domaine public, dès lors l'exploitation qu'en ont faite les tiers, fussent-ils ses cessionnaires, a puisé son fondement légal non dans un brevet qui n'a jamais existé, mais dans le droit que tous les citoyens avaient d'user d'un procédé, d'une méthode d'un résultat tombé dans le domaine public (1). » On ne saurait mieux dire en principe ; mais cet auteur a poussé les conséquences de ce système un peu trop loin, à notre avis. Il déclare que les cessionnaires pourront toujours réclamer le prix qu'ils ont payé à quelque époque que la nullité soit prononcée, parce que le payement a été fait sans cause. Nous ne pensons pas qu'on puisse aller aussi loin. A côté de ces considérations juridiques, il y a des circonstances de fait qu'on ne peut laisser sous silence. Voila un brevet qui doit, par exemple, durer encore douze ans ; un capitaliste, moyennant 100,000 francs, acquiert du breveté le droit d'exploiter son invention à titre de monopole pendant ces douze années. Puis au bout de onze ans, quand il a retiré de sa cession tous les bénéfices dont elle était sus-

____

(1) M. Bédarride, n° 353. — Dans le même sens, M. Lyon-Caen, *Cours de législation industrielle*.

ceptible, puisque bientôt l'invention doit tomber dans le domaine public, la nullité du brevet vient à être prononcée ; ce capitaliste pourrait-il en raison et en justice, réclamer les 100,000 francs qu'il a payés ? Oui, répondrait M. Bédarride, parce que « la prise du brevet n'a été qu'une véritable usurpation insusceptible de créer le moindre droit ». Non, dirons-nous à notre tour, parce que, dans de telles circonstances, le préjudice éprouvé par le cessionnaire est beaucoup moindre ; celui-là seul qui aurait le droit de se plaindre, c'est le public. Nous ajouterons au point de vue juridique qu'il a exercé très longtemps le monopole qui lui avait été garanti par la cession du brevet. Il n'y a là qu'une espèce d'éviction partielle, qui ne peut produire les effets d'une éviction totale. Donc il y aura lieu à une évaluation du préjudice éprouvé par le cessionnaire, évaluation qui sera faite souverainement par les magistrats. « S'il en était autrement, dit la Cour de cassation, l'un des contractants obtiendrait tout sans rien donner, tandis que l'autre donnerait beaucoup sans rien obtenir (27 mai 1839, Sirey, 1839, 1, 677). »

Nous donnerons absolument la même solution en matière de déchéances provenant d'un fait du breveté soit antérieur, soit postérieur à la cession. Si nous distinguons ici, c'est simplement pour faire remarquer qu'en ce qui concerne la déchéance provenant d'un fait personnel du breveté et postérieur à la cession, il y aura certainement lieu, même pour les partisans du premier système, à la résolution du contrat. Le vendeur doit toujours et nécessairement garantie de son fait personnel, toute convention contraire serait nulle.

Que décider en ce qui concerne les porteurs de licences ? Auront-ils le droit de répéter tout ou partie du prix par

eux payé ? Certainement, d'après nous, le porteur de licence
n'aurait pas le droit de tout répéter, puisqu'il a profité pendant un certain temps des avantages de son contrat. Si
une licence avait été accordée moyennant une somme de
tant par an, les annuités ne seraient plus dues pour l'avenir, mais celles qui auraient été payées l'auraient été valablement.

Faut-il aller plus loin et dire avec quelques personnes
que si la licence a été accordée moyennant un prix fixe, le
licencié ne pourra rien réclamer en cas de nullité ou de
déchéance prononcée en justice? Cette solution, dit-on,
découle de la nature de la licence qui est une permission
de fabriquer et qui n'empêche pas le titulaire du brevet
de créer au licencié de nouveaux concurrents en concédant
d'autres licences. Ce que le titulaire pourrait ainsi faire
au moyen d'un contrat se trouve résulter d'un jugement
de nullité ou de déchéance; les effets ne peuvent donc être
différents. Cependant si le jugement prononçait une nullité
absolue, le licencié pourrait réclamer tout ou partie de
son prix. Cette restriction même que font les auteurs de
ce système démontre que l'argument sur lequel il repose
n'est pas fondé. Par conséquent, du moment que la nullité
même simplement relative aura été prononcée, le licencié
pourra intenter une action en résolution de son contrat et
se faire allouer des dommages-intérêts.

QUATRIÈME SECTION

Effets des jugements correctionnels qui admettent ou repoussent l'exception de nullité.

Nous venons d'examiner l'autorité et les effets du juge-

gement rendu par le tribunal civil sur une demande en
nullité ou en déchéance. Mais nous avons fait remarquer
que le vice qui atteint le brevet peut être opposé non seulement par voie d'action, mais encore par voie d'exception
devant les tribunaux correctionnels. Et ce sera même là le
plus souvent la marche suivie : les industriels, gens occu-
pés de leurs affaires, peu processifs en général, n'intentent
guère de procès devant le tribunal civil et se contentent de
se défendre quand ils sont poursuivis comme contrefac-
teurs ; ils prétendent alors que le brevet est nul ou déchu.
Quel est, au point de vue de la validité entre les parties qui
ont pris part à l'instance, l'effet du jugement correctionnel qui admet ou repousse cette prétention ? Si le prévenu
est condammé, pourra-t-il, en cas de nouveau délit de contrefaçon par lui commis, opposer encore comme moyen de
défense la nullité du brevet ? Si, au contraire, il y a acquittement du prévenu, peut-il en toute sécurité commettre les
mêmes faits et dans une nouvelle poursuite opposer l'autorité de la chose jugée. En ce qui concerne ce dernier point
de vue la question ne peut s'élever qu'autant que l'acquittement aurait pour base même le vice dont le brevet est
atteint.

Sur cette double question l'opinion qui prévaut en doctrine
et en jurisprudence est que le jugement correctionnel ne
peut avoir à aucun point de vue l'autorité de la chose jugée
en ce qui concerne la validité du brevet. Il ne peut y avoir
identité d'objet dans les demandes. « En police correctionnelle, dit M. Nouguier, l'objet du jugement, c'est ceci :
le prévenu est-il coupable du délit ? La chose demandée par
la partie civile, c'est ceci : la déclaration que le délit existe,
et puis, comme conséquence, la réparation du préjudice
causé par ce délit. La chose demandée par le prévenu c'est

ceci : c'est son acquittement, c'est la déclaration que le délit n'existe pas (1). » Sans doute, la partie civile pour prouver l'existence du délits, le prévenu, pour établir son innocence, invoqueront l'un la validité du brevet, l'autre, sa nullité ou sa déchéance. Mais ce n'est là qu'un moyen à l'appui de leur prétention réciproque, ce n'est pas ce qu'elle demande à la police correctionnelle de juger. La décision des tribunaux sur ce point ne constitue jamais, en droit commun, que l'appréciation d'un moyen de défense et n'emporte pas avec elle l'autorité de la chose jugée. Il y a bien, suivant l'expression de M. Blanc, un préjugé, mais non une chose jugée. Cela du reste est conforme à la volonté du législateur en notre matière, puisqu'il veut que toute instance tendant à faire prononcer la nullité ou la déchéance soit portée devant les tribunaux civils. Cependant on a soutenu une opinion contraire en s'appuyant sur l'article 46 de la loi de 1844 : le tribunal correctionnel saisi d'une action pour délit de contrefaçon statuera sur les exceptions qui seraient tirés par le prévenu de la nullité ou de la déchéance du brevet. « Par cette disposition, dit la cour de Douai, le législateur, pour éviter un circuit d'actions, a conféré aux tribunaux correctionnels un droit qui, auparavant, n'appartenait qu'aux tribunaux civils et leur a permis de statuer sur les questions de nullité, de déchéance et de propriété des brevets » (Douai, 6 mars 1656, *Ann. de la propr. ind.*, 1856, 175).

C'est là une conclusion qui nous semble forcée. L'article 46 a bien permis aux tribunaux correctionnels de statuer sur les exceptions tirées de la nullité du brevet, mais il n'a accordé à cette décision que l'autorité de toute

______

(1). M. Nouguier, n° 987.

décision portant sur un moyen de défense. Les tribunaux correctionnels statuent aussi en matière de propriété mobilière, quand le prévenu oppose à la poursuite un prétendu droit de propriété. Cependant on n'a jamais accordé à la sentence du tribunal, en cette matière, l'autorité de la chose jugée. Du reste, l'introduction de l'article 46 s'explique par un autre motif. Dans le projet on avait établi que, quand une contestation du genre de celles qui nous occupent s'élèverait devant le tribunal correctionnel, il faudrait renvoyer l'examen de la question préjudicielle au tribunal civil. On attaqua vivement cette décision parce qu'elle entraînait des lenteurs considérables au profit d'industriels qui, intéressés à retarder longtemps le jugement du procès en contrefaçon, ne manqueraient jamais de soulever cette question de nullité ou de déchéance. En conséquence, on supprima l'article du projet. La commission pensa que ce n'était pas encore assez, qu'un doute pourrait subsister et voilà pourquoi on introduisit dans la loi l'article 46, pour consacrer simplement la jurisprudence suivie jusqu'alors, jurisprudence qui, d'un côté, attribuait la connaissance de l'exception au tribunal correctionnel, et d'un autre côté, ne lui reconnaissait que le droit de statuer sur la question de délit sans jamais en tirer une présomption de chose jugée quant à l'objet de l'exception. C'est ce qu'a formellement reconnu la cour suprême en cassant l'arrêt de la Cour de Douai que nous citons plus haut. « Attendu que quand, aux termes de l'article 46 de la loi de 1844, le tribunal correctionnel saisi d'une action en contrefaçon, statue sur les exceptions que le prévenu tire soit de la nullité, soit de la déchéance du brevet, il ne fait qu'apprécier, au point de vue de la prévention, un moyen de défense qui est opposé à l'action correctionnelle ; que la décision

qu'il rend sur ce moyen de défense ne s'étend pas au delà
du fait incriminé; qu'en cette matière comme en toute
autre, le tribunal correctionnel n'est juge de l'exception
que dans la mesure et les limites de l'action (Cass.,
29 avril 1857, *Ann. de la propr. ind.*, 1857, 129). »

On fait une dernière objection en disant que jamais il ne
peut y avoir deux procès sur un même fait, *non bis idem*, et
que dans ce système le prévenu ne tirera aucun bénéfice
du jugement qui l'acquitte. Nous répondrons bien simplement que plus jamais le prévenu ne pourra être recherché
sur les faits qui ont fait l'objet de la poursuite : tel sera le
résultat de l'acquittement au profit du prévenu. Mais nous
ferons observer avec M. Bédarride que « le pardon ou
l'absolution du passé n'est pas l'immunité pour l'avenir et
le tribunal correctionnel pouvait d'autant moins accorder
celle-ci qu'elle ne lui était pas, qu'elle ne pouvait pas lui
être demandée (1). »

Il nous reste, pour terminer, à examiner une question des
plus délicates : celle de savoir jusqu'où s'étend le pouvoir
d'appréciation des tribunaux saisis des questions de nullité ou de déchéance et dans quelle mesure leurs décisions
sont soumises au contrôle de la Cour de cassation. Un
double principe doit nous guider dans cette étude ; il résulte
de la nature même des attributions des tribunaux et de la
Cour suprême. Les tribunaux ont été institués afin de trancher les difficultés qui s'élèvent entre deux personnes ;
pour cela, ils doivent commencer par déterminer quels
sont les faits du procès sur lesquels ils ont à statuer :
toute question de fait est du domaine exclusif des tribunaux. La Cour de cassation, qui n'est pas établie pour tran-

(1) M. Bédarride, n° 613.

cher les difficultés entre particuliers, a pour mission de
veiller à ce que la loi soit observée et de maintenir l'unité
de jurisprudence ; elle doit accepter comme vrais, comme
absolument démontrés et exactement interprétés, les faits
sur lesquels les tribunaux dont les décisions lui sont défé-
rées ont eu à statuer, auxquels ils ont dû appliquer la loi.

Partant de ce double principe, il est certain que la Cour
de cassation aura à voir si la loi de 1844 a été exactement
interprétée ; par exemple, la décision d'un tribunal qui
écarterait une antériorité démontrée, sous le prétexte que
les faits de publicité ont eu lieu à l'étranger, tomberait
sous le contrôle de la Cour suprême et devrait être cassée,
car elle viole ouvertement l'article 31. Lorsqu'il ne s'agit
plus d'interpréter une disposition de la loi de 1844, mais
d'apprécier la validité d'un brevet, d'appliquer ou non une
cause de nullité dont le brevet serait entaché, la décision
du tribunal est-elle souveraine ? L'affirmative, au premier
abord, paraît bien évidente, puisqu'il ne s'agit plus alors
que d'apprécier un fait et d'en tirer les conséquences qu'il
comporte. S'il s'agissait d'interpréter une convention entre
deux particuliers, d'en déterminer l'étendue, le tribunal
saisi de l'affaire, jugerait souverainement, et à cette convention par lui interprétée en toute liberté il appliquerait les
textes de la loi. Pourquoi ne pas décider la même chose en
ce qui concerne un brevet, espèce de contrat passé non
plus entre deux particuliers, mais entre un particulier et
le corps social ? Quelle est l'étendue de cette convention ?
quels en sont les effets ? il semble bien que ce soit là une
pure question de fait.

Ce raisonnement n'est pas absolument exact et le brevet
ne constitue pas une convention ordinaire. Chaque brevet
constitue en quelque sorte une loi particulière que les tri-

bunaux sont chargés d'appliquer, et comme pour toute loi, ils ne peuvent juger que sous le contrôle sévère de la Cour de cassation. Les divers éléments du brevet sont comme les articles de cette loi particulière, et si un des articles a été mal interprété, si on en a fait une fausse application, il y a lieu à cassation : tel est le principe qui va nous servir de guide dans les principales difficultés qui se sont présentées dans cette matière. Lorsque le tribunal aura fait une saine appréciation de l'objet du brevet, la Cour de cassation ne pourra pas exercer son contrôle plus loin, et le tribunal appliquera cette loi du brevet aux faits de la cause, faits qu'il déterminera souverainement.

Mais cette limite entre les deux pouvoirs ne laisse pas que d'être parfois difficile à déterminer dans la pratique. Faisant application de ces principes au défaut de nouveauté, nous dirons qu'en règle générale les tribunaux sont souverains appréciateurs de savoir si une invention est nouvelle ou non, s'il y a eu auparavant publicité soit par exploitation, soit par description dans un ouvrage, etc. Mais il faut toujours que la loi du brevet soit observée et en conséquence il faudra qu'avant de comparer l'invention brevetée aux différentes inventions antérieurement connues d'après la décision du tribunal, ce tribunal détermine les caractères mêmes de l'invention dont il apprécie la nouveauté, et ce point est soumis au contrôle de la Cour suprême.

En vertu de ces principes, il a été jugé que les questions d'antériorité et celles qui touchent à la nouveauté et au caractère des produits ou résultats brevetés sont des questions qui sont du domaine exclusif du juge souverain ; qu'elles ne pourraient tomber sous le contrôle de la Cour de cassation que si elles reposaient sur une fausse interprétation de la loi du brevet (Rej. 7 avril 1865, *Ann. de la propr. ind.*, 1865, 398 (1).

C'est également l'opinion de M. Pouillet (2). « La publicité, dit-il, résulte d'un ensemble de faits, et par cela même la question de savoir s'il y a ou non publicité est abandonnée à l'appréciation souveraine des tribunaux. Toutefois si cette appréciation échappe à la censure de la Cour de cassation, c'est à la condition que le juge du fait donne dans la décision elle-même l'analyse des documents sur lesquels il se fonde. Autrement la Cour de cassation juge de la loi du brevet ne pourrait s'assurer si elle a été fidèlement observée. »

Cette analyse de documents sur lesquels repose la décision du tribunal est indispensable pour la validité du jugement. La Cour de cassation devant exercer un contrôle sur, l'interprétation même donnée par le tribunal à la loi du brevet, il est de toute nécessité que le tribunal donne non pas une décision vague, mais motive rigoureusement le jugement. Sans cela il pourrait y avoir lieu à cassation, non plus pour fausse interprétation, mais pour défaut de motifs. Il est de principe, en effet, en vertu de la loi du 20 avril 1810 que toute décision, qui ne permet pas à la Cour suprême de juger si on a fait rigoureusement aux faits déclarés constants l'application exacte d'une loi, n'est pas suffisamment motivée. C'est d'ailleurs ce qu'exprime très nettement un arrêt de la Cour de cassation du 21 juin 1862. « S'il appartient d'apprécier la nouveauté ou la non-nouveauté d'une invention brevetée et si, à cet égard, leur

(1) Voir aussi Rej. 22 janvier 1870, *Ann. de la propr. ind.*, 1870, 275.

(2) M. Pouillet, n 436.

déclaration peut être souveraine, dit cet arrêt, c'est à la condition que de leur décision même résultera qu'ils ont scrupuleusement analysé les procédés brevetés et qu'ils les ont bien compris, dans leur portée, leur but et leurs moyens d'action : spécialement n'est pas suffisamment motivé l'arrêt qui renvoie un prévenu des fins d'une poursuite en contrefaçon en se bornant à déclarer d'une manière vague et générale qu'avant le brevet sur lequel ces poursuites sont fondées, d'autres fabricants ont appliqué des procédés renfermant les éléments essentiels du procédé breveté ; en pareil cas, il faut en outre, à peine de nullité, que l'arrêt fasse connaître l'analyse des procédés brevetés et les comparaisons auxquelles le juge s'est livré de manière à permettre à la Cour de cassation de reviser son appréciation et de rechercher s'il a suivi la loi du brevet (1) ».

Dans le cas où la nullité du brevet serait demandée pour insuffisance de la description, l'appréciation des tribunaux sur ce point est-elle souveraine? Cette question divise les auteurs et la jurisprudence. MM. Bédarride (n° 416) et Nouguier (n° 111) tiennent pour l'affirmative, et un arrêt de cassation a aussi décidé que la suffisance ou l'insuffisance de la description est une question de fait que les juges du fond apprécient souverainement (Cass. 10 nov., 1855) (2). Nous ne partageons pas cette opinion : pour nous l'interprétation de la description est intimement liée à la loi du brevet; aussi pensons-nous avec un autre arrêt de la Cour de cassation que « l'appréciation des juges du fait sur le degré de suffisance de la description est soumise à la censure de la Cour de cassation, qui a mission d'examiner si

(1) *Ann. de la propr. ind.*, 1864, 38.
(2 *Ann. de la propr. ind.*, 1856, 38.

leur déclaration à cet égard ne viole pas la loi du brevet. »
(Rej., 25 mars 1859) (1).

Un certificat d'addition pour être valable doit se rattacher au brevet. Lorsque les tribunaux ont jugé qu'il y avait
ou non un lien entre le brevet et le certificat d'addition,
leur décision est-elle souveraine à cet égard ? Remarquons
que le certificat d'addition aussi bien que le brevet constitue une loi particulière dont la Cour de cassation est la
gardienne. Mais dès lors qu'il aura été reconnu que les
tribunaux ont respecté la loi du brevet et celle du certificat d'addition, la comparaison qu'ils ont faite entre ces
deux titres et qui les a amenés à dire qu'il y avait ou non
un lien entre eux est-elle souveraine ? Il nous semble qu'elle
est du domaine des juges du fait et échappe à la censure
de la Cour de cassation.

Relativement aux questions de déchéance qui résultent
toutes d'un fait postérieur au brevet et ne peuvent se rattacher à la loi spéciale du brevet, elles rentrent dans le
pouvoir souverain d'appréciation qui appartient aux tribunaux. Ce sont là de pures questions de fait : c'est d'ailleurs,
en ce qui concerne le défaut d'exploitation, ce qui résulte
du rapport de M. Dupin. « Les tribunaux, disait-il, auront
à apprécier les circonstances pour savoir si la cessation
d'exploitation vient d'un mauvais vouloir ou de sugges-
tions antifrançaises ou si elle est le résultat d'impuissance
personnelle, du défaut de fonds, de circonstances particu-
lières qui méritent intérêt et faveur. Par là se trouvent
conciliés les intérêts de l'industrie nationale et les ména-
gements que peut commander la position des brevetés. »

En résumé, on peut dire qu'en ce qui touche les questions
de nullité ou de déchéance l'appréciation des tribunaux

(1) *Ann. de la propr. ind.*, 1859, 167.

est en règle générale souveraine, sous la condition que la
convention qui a été passée entre le breveté et la société,
c'est-à-dire la loi du brevet, ait été respectée. Cette condition est placée sous la sauvegarde de la Cour suprême.

APPENDICE

La loi française de 1844 a donné compétence à la juridiction civile pour juger les questions de nullité ou de
déchéance en matière de brevets d'invention. Cette disposition est une de celles qui ont été le plus vivement criti-
quées par certains auteurs. Sans doute nous n'avons ni la
compétence, ni l'expérience nécessaires pour aborder ce
débat et proposer des réformes. Cependant nous pensons
qu'il ne nous est point permis de passer absolument sous
silence cette question délicate.

Avant de présenter nos propres observations, examinons
quelles sont les critiques principales qui ont été adressées
à la loi actuelle : 1º Les tribunaux civils sont naturellement incompétents ; ils sont composés de juges qui n'ont
le plus souvent, ni les aptitudes, ni le temps nécessaires
pour se livrer à l'étude de ces questions délicates. Ils
doivent renvoyer l'examen de l'affaire à des experts qui,
n'ayant pas à prononcer eux-mêmes une sentence, n'en-
courent aucune responsabilité morale.

2º Les affaires s'éternisent devant les tribunaux civils au
grand détriment des industriels.

3º Enfin les tribunaux étant nombreux, donnent souvent
à propos d'un même brevet des décisions différentes et
contradictoires.

Nous ne nierons pas que ces critiques soient fondées ;
mais les remèdes proposés valent-ils mieux que la solution

actuelle? Deux sortes de remèdes ont été proposés : 1° créer une juridiction spéciale, une espèce de jury industriel ; 2° transférer la compétence à une autre classe de tribunaux. Examinons-les successivement :

1° *Jurys industriels.* — Ou bien on établira un de ces jurys dans chaque département, ou bien, comme en Allemagne, on créera à Paris une sorte d'office général des brevets. Au premier cas, les différences dans les décisions de la jurisprudence subsisteront ; au second cas ce tribunal unique aura un double inconvénient très grave : on éloignera ainsi le juge des justiciables et on conçoit, même avec les facilités de communication, que ceux qui habitent à l'extrémité de la France hésiteront à attaquer un brevet qui leur est préjudiciable. De plus, et cela est beaucoup plus grave encore, le brevet en France est délivré sans examen préalable ; par conséquent ce tribunal unique, même composé de plusieurs chambres, ne pourra jamais arriver à trancher toutes les difficultés qui se présenteront en matière de brevet.

Il faut donc opter entre le système du brevet délivré sans examen, et alors créer des juridictions nombreuses, et le système d'un tribunal unique, mais alors il est nécessaire de ne délivrer le brevet qu'après examen préalable. Or nous croyons avec un grand nombre d'auteurs que loin d'être un progrès, ce serait faire un pas en arrière. M. Renouard a fort bien démontré ce point (1).

Du reste, quelle que soit la solution à donner à cette question incidente, le système des jurys industriels peut être combattu à un autre point de vue. Ils seront plus compétents que les juges ordinaires, dit-on. Il est difficile de le

(1) Renouard, n° 190.

nier ; cependant faisons remarquer que les inventions sont
très considérables, se rattachant à des matières tout à fait
différentes. Le jury industriel, quel que soit le soin qu'on
apporte dans sa composition, ne sera jamais compétent sur
toutes les questions. Le plus souvent un seul membre con-
naîtra bien la question : alors ou bien ce membre sera en
réalité l'unique juge, et sa décision sur ce point est loin de
présenter toutes les garanties exigées par le législateur
français, ou bien les autres juges ne se trouveront pas suffisamment éclairés et feront ce que font les tribunaux civils,
ils nommeront des experts, dont ils s'approprieront la décision. Alors reparaissent toutes les critiques qu'on adresse
à la loi actuelle et à ces critiques on peut ajouter toutes
celles que méritent les tribunaux d'exception.

Ces idées avaient déjà été formulées en 1855, par la
Chambre de commerce de Saint-Dizier : « Les matières sur
lesquelles les contestations peuvent s'élever à l'occasion
des découvertes nouvelles sont tellement diverses, qu'il
serait impossible de créer un tribunal composé d'hommes
possédant des connaissances spéciales sur toutes ces matières et versés dans la pratique de toutes les industries. Il
sera donc toujours nécessaire de recourir à des experts. »
Cette observation est générale ; la chambre ajoutait en par-
lant des jurys départementaux : « D'un autre côté, les justiciables ne trouveraient problablement dans les jurys
départementaux ni plus de garantie, d'instruction, et d'im-
partialité, ni une plus grande uniformité de décisions que
dans les tribunaux civils ; il n'y a donc pas lieu de créer
des tribunaux spéciaux et d'éloigner les contestants de
leurs juges (délibération du 20 octobre 1855) ».

2e *Attribution de compétence à une autre juridiction.* Ne
pourrait-on pas donner la connaissance de ces questions

aux tribunaux de commerce ? Ces tribunaux ont une procédure plus rapide et de plus, sans être composés de juges absoluments compétents, ils ont dans leur sein des hommes habitués à ces questions de commerce et d'industrie.

Nous repousserons cette seconde réforme aussi bien que la première. Les tribunaux de commerce ne sont pas plus naturellement compétents que les tribunaux civils. Sans doute, ils ont l'habitude, et par là même la connaissance des conventions qui sont faites ordinairemnt par des commerçants, ils peuvent mieux que tout autre interpréter les clauses d'un marché commercial ; mais en quoi cela ressemble-t il à l'examen d'un brevet ? Pas plus que les juges civils, les juges consulaires n'ont la connaissance de ces questions délicates qui touchent à la science ou à la pratique industrielle. Il y a dans une question de nullité d'un brevet des questions complexes qui se rapprochent beaucoup plus des matières civiles que des matières commerciales. Enfin une autre considération se présente naturellement à l'esprit. Nous avons vu le rôle important et quelquefois prépondérant que joue le ministère public dans toutes ces questions de brevets d'invention. Or devant les tribunaux de commerce il n'y a pas de ministère public.

Est-ce a dire que la loi actuelle soit parfaite : non ; il y a deux critiques fondées et à propos desquelles on peut proposer des réformes. Les affaires devant les tribunaux civils sont ordinairement longues et coûteuses. Cela est vrai, mais ne pourrait-on pas réformer notre organisation judiciaire en ce qui concerne la procédure, de façon à rendre l'administration de la justice plus économique et plus rapide ? Ce serait une excellente chose, même en dehors de notre matière.

D'autre part l'autorité relative de la chose jugée, entraîne souvent contrariété dans les jugements, ce qui est très préjudiciable à l'industrie. Cet inconvénient n'avait pas échappé au législateur de 1844, et il avait apporté un remède partiel en donnant le droit au ministère public de demander la nullité absolue dans certains cas, de se porter partie intervenante dans tous les autres. La nullité ainsi prononcée est, comme nous l'avons vu, opposable au breveté absolument par tout le monde, et sur le vu d'un pareil jugement, tout industriel peut se mettre sans crainte à fabriquer les objets qui faisaient l'objet du brevet. Ne pourrait-on pas faire un pas nouveau dans cette voie et décider que le ministère public pourra toujours agir d'office dans les cas de nullité ou déchéance. On arriverait ainsi à débarrasser l'industrie de quantité de brevets qui la gênent injustement.

De cette façon les deux dernières critiques contre la loi actuelle disparaissent, et nous avons démontré que la première ne disparaissait pas par les moyens proposés. Nous pensons donc qu'il convient de conserver le principe de la législation actuelle en la perfectionnant.

POSITIONS

DROIT ROMAIN

I

Les *sponsores* et *fidepromissores* pouvaient s'obliger avant ou après le débiteur principal et non pas seulement en même temps que lui.

II

L'obligation du fidéjusseur qui excède l'obligation principale est nulle.

III

Il n'y a pas antimonie entre la loi 95, § 2 *de sol.* XLVI ; III et la loi 15, § 1, XLVI, 1 ; mais il faut rejeter la conciliation proposée par Cujas et Pothier.

IV

Dans les actions *stricti juris*, les intérêts moratoires ne sont pas dûs même à partir de la *litis contestatio*.

V

En cas d'éviction de la chose donnée en payement, le recours du créancier s'exerce suivant certains jurisconsultes au moyen de l'action primitive, suivant les autres, par l'action *utilis ex empto*. Aucune des conciliations proposées n'est admissible.

DROIT CIVIL

I

Le retour, et non pas la preuve de l'existence de l'absent, dont le conjoint s'est remarié, permet à tous les intéressés de demander la nullité du second mariage.

II

Les ventes d'immeubles consenties par un héritier apparent sont nulles.

III

La faculté de chasser n'appartient pas de plein droit au fermier du fonds.

IV

La séparation des patrimoines est bien un privilège, mais un privilège imparfait réduit au droit de préférence.

V

La caution qui a payé a un recours contre le tiers acquéreur de l'immeuble hypothéqué à la dette.

VI

L'action en garantie contre l'architecte ou entrepreneur, à raison des vices de construction, se prescrit, comme la responsabilité elle-même, par le laps de dix ans à compter de la réception des travaux et non à compter seulement de la manifestation extérieure des vices de construction qui s'est produite dans ce délai.

DROIT INDUSTRIEL

I

Le vice de complexité ne peut servir de fondement à une action en déchéance du brevet.

II

L'invention divulguée par un tiers, même frauduleusement, perd son caractère de nouveauté.

III

La possession secrète d'une invention n'empêche pas que le brevet qui est pris postérieurement ne soit valable; d'un autre côté, le brevet ne peut valoir à l'encontre des droits du possesseur.

IV

Les principes ne sont pas brevetables.

V

Les inventions agricoles sont brevetables.

VI

Le retard de payement d'une annuité peut être excusé par la force majeure qui l'aurait seule déterminée.

VII

Lorsque la nullité du brevet a été poursuivie pour défaut de nouveauté, le demandeur qui a échoué dans son action ne pourrait pas la reproduire en la fondant sur un fait de publicité autre que celui qu'il invoquait dans le premier procès.

VIII

Les actions qui concernent les brevets ne sont pas dispensées du préliminaire de conciliation.

IX

Le jugement qui, sur l'intervention du ministère public, prononce la validité du brevet, ne fait pas obstacle à ce qu'une nouvelle action en nullité puisse être intentée par un particulier.

X

Le tribunal correctionnel saisi d'une action en contrefaçon peut apprécier comme moyen de défense l'exception tirée par le prévenu de la nullité ou de la déchéance du brevet ; mais sa décision à cet égard n'a pas l'autorité de la chose jugée.

DROIT CRIMINEL

I

L'excuse tirée de la provocation peut être invoquée par celui qui a violenté un fonctionnaire dans l'exercice de ses fonctions.

II

Le complice d'un suicide est coupable de meurtre quand sur la prière de la victime, il lui a porté lui-même le coup mortel.

DROIT PUBLIC

1

L'autorisation régulière de fonder un établissement insalubre ne met pas obstacle à une demande de dommages et intérêts pour préjudice causé par le voisinage de cet établissement.

II

Les communes où il n'existe pas de presbytère doivent un logement ou une indemnité de logement au curé ou desservant, sans qu'il soit besoin de constater l'insuffisance des ressources de la fabrique.

DROIT DES GENS

I

Un état peut et doit en principe accorder l'extradition de ses nationaux à raison de faits dont ils se sont rendus coupables à l'étranger.

II

L'étranger condamné suivant la loi de son pays à raison d'un crime commis en France, peut être de nouveau poursuivi en France pour le même fait.

III

L'article 2 du traité de Francfort du 10 mai 1871, n'a pas atteint les Français domiciliés en Alsace-Lorraine qui étaient nés sur autre point du territoire.

Vu par le Doyen,
CH. BEUDANT.

Le Président de la Thèse
CH. LYON-CAEN.

Vu et permis d'imprimer,
Le Vice-Recteur de l'Académie de Paris,
GRÉARD.

TABLE DES MATIÈRES

DROIT ROMAIN

Du mandatum pecuniæ credendæ

INTRODUCTION

CHAPITRE Ier

DÉFINITION DU MANDATUM PECUNIÆ CREDENDÆ. — DE SA
NATURE. — DE SES CARACTÈRES

CHAPITRE II

EFFETS DU MANDATUM PECUNIÆ CREDENDÆ. — DES DIVERS BÉNÉFICES ACCORDÉS AUX MANDATORES

CHAPITRE III

EXTINCTION DU MANDATUM PECUNIÆ CREDENDÆ

APPENDICE

DROIT FRANÇAIS

Des nullités et déchéances en matière de brevets d'invention

INTRODUCTION

PREMIÈRE PARTIE

DES CAUSES DE NULLITÉ ET DE DÉCHÉANCE

CHAPITRE Iᵉʳ

DES CAUSES DE NULLITÉ

SECTION 1ʳᵉ. — CAUSES DE NULLITÉ GÉNÉRALES

I. — Nullités tenant à l'objet

CHAPITRE II

DES CAUSES DE DÉCHÉANCE

DEUXIÈME PARTIE

DES ACTIONS EN NULLITÉ OU EN DÉCHÉANCE

APPENDICE

LIBRAIRIE L. LAROSE ET FORCEL

22, RUE SOUFFLOT, 22

OUVRAGES DE DROIT

SCIENCES, ARTS, LITTÉRATURE, ETC.

NEUFS ET D'OCCASION

www.ingramcontent.com/pod-product-compliance
Lightning Source LLC
LaVergne TN
LVHW020151030726
842520LV00003B/682